En venta:

Mariana, 15 años

En venta:

Mariana, 15 años

Iana Matei
en colaboración con
Anne Berthod

Traducción de Julia Osuna Aguilar

Rocaeditorial

Título original francés: *À vendre: Mariana, 15 ans*
© Oh! Éditions, 2010. All rights reserved

Primera edición: mayo de 2011

© de la traducción: Julia Osuna Aguilar
© de esta edición: Roca Editorial de Libros, S. L.
Marquès de l'Argentera, 17, Pral.
08003 Barcelona.
info@rocaeditorial.com
www.rocaeditorial.com

Impreso por Egedsa
Calle Roís de Corella, 12-16
Sabadell (Barcelona)

ISBN: 978-84-9918-230-8
Depósito legal: B. 14.439-2011

Ionela

—*H*ola, ¿Ionela?[1]

—¿Sí?

—Te habla Iana Matei. Si no he entendido mal, Pepi te ha avisado ya de que iba a llamarte. ¿Te ha explicado quién soy?

—Sí, sí, estoy al tanto.

—¿Puedes hablar? ¿No te vigila nadie?

—No pasa nada, ahora mismo estoy sola.

—Pepi me ha dicho que necesitabas mi ayuda. ¿Es así?

—No sé…

—¿Estás asustada?

—Sí.

—¿Confías en mí?

—Sí, creo que sí.

—Vale, entonces voy a sacarte de ahí.

Ionela tiene 15 años y es esclava sexual. Más o menos eso es todo lo que sé sobre ella, pero me basta y me sobra: tengo que salvar a la chica. Me ha avisado esta mañana por teléfono un abogado que decía representar a una señora española, una tal Pepi, preocupada por la suerte de una adolescente rumana secuestrada por unos traficantes. Según su información, Ionela estaba en manos de una familia de gitanos, una madre con

---

1. Los nombres se han modificado. *(Todas las notas del libro son de la autora.)*

dos hijos y una hija. Si he entendido bien, todo empezó cuando esta *madame* bastante entrada en años le propuso a Ionela —cuyos padres se pasaban el día peleándose— alojarla en su casa. La puso a trabajar con ella en un mercadillo y al cabo de tres meses la *babuchka* le anunció: «La cama y el techo no son gratis. Ya me has costado bastante dinero, va siendo hora de que saldes tu deuda. Mis hijos te han encontrado un trabajo en Turquía. Te vas mañana».

Una vez en Turquía, a Ionela le pegaron y la amenazaron de muerte. Se sometió e hizo lo que le ordenaban: acostarse con desconocidos. Tras una redada de la policía en su esquina fue deportada a Rumanía, donde su *madame* la estaba esperando a la salida del avión para mandarla a España. Nada más llegar, Ionela trató de suicidarse con unos somníferos que compró en una farmacia. Pocos días más tarde volvió a intentarlo. La tercera vez que se dio un atracón de pastillas se quedó tan grogui que el explotador, uno de los hijos de la *babuchka*, no pudo mandarla a trabajar a la calle. Ionela se quedó así recluida en un mísero hotel, donde, pese a su estado, su chulo no tuvo problema en enviarle a varios clientes. A uno de ellos, un español, le sorprendió lo joven que era:

—¿Qué edad tienes?

—Quince años.

Probablemente si no hubiese estado bajo los efectos de los fármacos nunca habría reunido el valor para decir la verdad. El hombre, que no daba crédito, empezó a bombardearla con preguntas. Ionela acabó contándole su larga historia. Nada más llegar a casa el cliente se lo contó todo a su madre. ¿Se lo pueden creer? Para ambos resultaba evidente: había que arrancar a aquella chiquilla de las garras de esos desgraciados. A la mañana siguiente el cliente regresó al hotel, donde concertó otra sesión con Ionela. En cuanto llegó al cuarto se la llevó con él sin perder un segundo y la metió en un autobús rumbo a Rumanía con unos cuantos euros en el bolsillo. Le prometió incluso que le enviaría dinero regularmente por giro postal. Una vez de vuelta en su país Ionela halló refugio en casa de una tía, donde la *babuchka* no tardó en localizarla. Era de esperar: un traficante siempre lo sabe todo sobre sus víctimas, es su forma de ejercer presión sobre ellas. Los tratantes atraparon a Ionela delante de la casa de su tía y la obligaron a subirse a un coche. La tía hizo todo lo posible por impedirlo pero la *babuchka* supo hallar las palabras adecuadas:

—Te lo advierto: ni se te ocurra llamar a la policía. Como te andes con tonterías la cambiamos por tu hija.

Su pequeña tenía 13 años; la tía no rechistó. Los tratantes se llevaron a Ionela a Calarasi, cerca de la frontera con Bulgaria, no muy lejos de la costa del mar Negro. Por suerte, Pepi, la madre del cliente español, mantuvo su palabra y contactó con Ionela para hacerle llegar un giro. Sin embargo, los explotadores tiraron de la lengua a la adolescente y la animaron a que llamase a su benefactora y fijase la fecha de un nuevo ingreso: para esa clase de gente el dinero es bueno venga de donde venga. Ese fue su fallo. Ionela aprovechó para contarle a Pepi lo que le había pasado. La mujer, sin saber muy bien qué hacer, se puso en contacto con un abogado para intentar encontrar en Rumanía a alguien que pudiese salvar a Ionela. Tras un par de llamadas le hablaron de mí, de mi albergue y de mi lucha por las víctimas del tráfico sexual.

Hay que intervenir, y ya: la última vez que Pepi le ingresó dinero Ionela le contó que la *babuchka* planeaba enviarla de nuevo a Turquía. Como Ionela ya está fichada por la policía turca, los tratantes han decidido casarla con un tipo por cien euros para cambiarle así el apellido. Hay que actuar rápido: dentro de unos días estará al otro lado de la frontera…

Por teléfono suena perdida, insegura.

—Ionela, voy a ir a buscarte.

—No, ¡imposible! ¡Me matarán! Me han dicho que como vuelva a intentar escaparme me atarán a un coche y me arrastrarán hasta que me desangre…

—No te van a hacer nada, lo único que quieren es meterte miedo.

—¡No, son capaces! Cuando vinieron a por mí a casa de mi tía, Ramón se ensañó conmigo a puñetazos. Y para castigarme me cortaron el pelo de mala manera. Les dije que se lo contaría

9

a la policía y la *babuchka* se echó a reír y dijo que los polis eran amigos suyos.

No tengo modo alguno de comprobar si dice la verdad. Qué más da, en mi fuero interno estoy convencida de que la chica está en peligro. El resto son minucias.

—Ionela, encontraremos un modo. ¿Hay algún momento en el que te dejen sola?

—No, me tienen todo el día encerrada en un cuarto.

—Piénsalo bien: ¿no te dejan salir nunca?

—No, ya se lo he dicho, ni siquiera me dejan trabajar en la calle. Tienen miedo de que vuelva a escaparme. Solo salgo cuando voy a correos a por los giros de Pepi.

—¿Y ahí te dejan sola?

—*Babuchka* y Ramón se quedan esperando a la entrada del edificio. No me dejan ni a sol ni a sombra.

—Pero ¿en el edificio entras sola?

—Sí, pero Pepi me mandó el dinero hace muy pocos días. No sé cuándo recibiré el próximo giro.

—Eso no importa: ellos no tienen por qué saberlo. Escucha, les vas a decir que Pepi te ha llamado, que te ha mandado más dinero y que tienes que ir a recogerlo. Llámame para avisarme qué día será.

—¿Y luego?

—Yo te estaré esperando delante de correos. Verás un viejo Audi rojo metalizado aparcado delante, con una señora rubia al volante: esa soy yo. Dejaré abierta la puerta de atrás. Cuando te suelten, entras en el edificio… y sales como has entrado. Hay que pillarles desprevenidos: pensarán que te llevará diez minutos largos, entre que firmas papeles y todo eso. Seguramente se fumarán un cigarrillo mientras tanto. Nadie esperará que salgas tan pronto. Una vez fuera te metes corriendo en el coche y te escondes en el asiento de atrás. Dejaré el motor encendido y saldremos pitando.

—Bueno…

—Todo va a salir bien, Ionela.

—Vale…

Cuelgo, aunque un poco preocupada, la verdad. ¿Y si los

traficantes se huelen algo? Lo mismo da, no hay otra alterna-tiva, hay que intentarlo…

Ionela me llama a la mañana siguiente:

—Ya está, iré a recoger el dinero mañana por la tarde.

—Allí estaré. ¿Qué oficina de correos es?

—La del centro.

—Muy bien, allí nos veremos. Recuerda: un Audi rojo, una señora rubia, y te metes de un salto en el coche.

—Vale.

Yo vivo en Pitesti, una ciudad industrial a los pies de los Cárpatos. Calarasi, la ciudad adonde tengo que ir a por Ionela, está en la zona del mar Muerto, a cuatro o cinco horas de camino. Debo salir temprano, sobre todo teniendo en cuenta que no tengo ni la menor idea de a qué hora se presentará Ionela. Podría coger mi Dacia, más robusto y cómodo para los trayectos largos, pero mi viejo Audi tiene más nervio, es más rápido: podría ser útil en caso de persecución.

Es casi mediodía cuando llego al centro de Calarasi. Ofuscada con el mapa de carreteras, termino preguntándole a un transeúnte cómo llegar a la oficina de correos. Ya estoy allí. Aparco pegada a la acera, a unos metros de la entrada. Ya está… Ahora solo queda esperar… ¡con la esperanza de que los traficantes no cambien de planes!

Tres horas y media más tarde Ionela sigue sin aparecer. No me he movido del sitio por miedo a que venga y yo no esté. No he comido nada desde esta mañana y el estómago me ruge como un león…, aunque de todas formas tampoco podría tragar nada. La espera es insoportable. Me pongo en lo peor: ¿habrá descubierto el pastel la *babuchka*? ¿Se habrá asustado Ionela y habrá confesado que no hay ningún giro? Hecha un manojo de nervios por la angustia, sigo observando atentamente el trasiego de gente que entra y sale de la oficina. De pronto la veo: una muchacha paliducha, con el pelo cortado como a cepillo, vestida con unos vaqueros y una cazadora minúscula que está bajando del taxi que acaba de parar delante de mí. No estoy segura, ese corte de pelo… Sí, tiene que ser ella. Mira de reojo mi coche y se dirige hacia la entrada del edificio.

11

En el asiento delantero del otro vehículo distingo a una vieja gitana que habla con el taxista. Con el cerebro ya en modo automático, arranco el coche y empiezo a recular lentamente para poder salir de un volantazo del sitio. Sin perder de vista el taxi alcanzo la manija de la puerta trasera para abrirla. Estoy lista. ¡Ahí vamos! Ionela sale de la oficina de correos y en tres segundos está hundida en el asiento trasero. No se ha incorporado todavía cuando pego el volantazo. Imposible saber si la *babuchka* ha visto algo, aunque justo cuando adelanto el taxi veo por el retrovisor que el conductor le dice algo a su acompañante a la vez que señala mi Audi con un dedo. Se han dado cuenta… Piso a fondo el acelerador y cojo velocidad. Detrás el taxi ha arrancado a todo gas.

—Ionela, ¿hacia dónde voy? ¿A derecha o a izquierda?

No conozco la ciudad. Durante las cuatro horas que he estado esperando en el coche ni se me ha ocurrido pensar en el trayecto… ¡Qué idiota he sido! En el retrovisor veo la cara aterrada de Ionela, que no se atreve a incorporarse e intenta orientarse por medio de miradas furtivas por la ventanilla.

—¡Por ahí!

Aovillada en su asiento, la adolescente me va indicando con el brazo la dirección que hay que tomar. Obedezco. El taxi me sigue de cerca. En su interior la *babuchka* blande un puño amenazador.

—Y ahora, ¿adónde?

—¡A izquierda!

Mientras me lo dice señala con la mano la derecha.

—¡Ionela! ¿No sabes cuál es tu derecha y tu izquierda o qué?

—Sí… No… ¡Por ahí!

Nos echamos a reír de los nervios. Ionela está muerta de miedo. Seguro que si le pregunto ahora mismo su nombre, me responde «¡Pedro!». Como buenamente puedo, voy siguiendo las indicaciones que me da por medio de aspavientos confusos. Giro, zigzagueo, me salto un stop… Por el retrovisor nuestros perseguidores no tardan en quedarse rezagados. Me alegro de haber cogido el Audi. Al cabo de cinco largos minutos Ionela se atreve a mirar hacia atrás.

—Ya no se les ve —resuella, sin creérselo del todo.

Tiene razón: ya está, les hemos dado esquinazo. Así y todo, no bajo de revoluciones. Los traficantes han podido dar las señas de mi coche a alguno de sus compinches. Permanezco ojo avizor, quiero asegurarme de que no nos esté persiguiendo ningún otro vehículo. Hasta que no salimos de la ciudad no me convenzo de que estamos a salvo. Mantengo la velocidad para aumentar la distancia, aunque le dedico una sonrisa alentadora a mi asustada pasajera. Durante un tiempo ni ella ni yo decimos nada. Poco a poco volvemos a respirar con normalidad. De repente suena el teléfono de Ionela. En cuanto descuelga, alguien ladra en el aparato tan alto que lo oigo:

—¡Pásame a esa zorra rubia!

Temblorosa y rabiosa, Ionela me tiende el móvil. Una voz brutal de hombre me desgarra el oído:

—¡Ya la estás trayendo de vuelta o te damos de comer a las ratas!

—¡Vete al infierno!

—¡Te arrepentirás de habernos quitado a la chica, no sabes con quién estás jugando!

Me muero de risa: ¡ese hombre está convencido de que está hablando con una proxeneta de la competencia! ¡Como si acabase de robarle la mano de obra de forma desleal!

—Zorra de m…

Harta, cuelgo y tiro el teléfono al suelo. Sus groseros improperios me traen sin cuidado. Al instante me apresuro a tranquilizar a mi pequeña protegida.

—No pasa nada, estás a salvo, no pueden hacernos nada.

—Sí… Se la hemos colado bien, ¿verdad?

La muchacha tiene la voz un tanto crispada, pero está emocionada con la situación. Aunque no sabe nada de mí, por primera vez se siente en posición de fuerza.

Tenemos un largo camino por delante y lo aprovechamos para conocernos mejor. Le hablo de mi centro de acogida para víctimas del tráfico sexual y le propongo que se una a mi programa de reinserción. Acepta con entusiasmo; y con

13

cierto aire adulador también… No me sorprende su afán por complacerme; proviene de un ambiente violento y lleva semanas fingiendo para sobrevivir. Tiene que aprender a confiar en mí…

Nos queda otra hora para llegar a Pitesti cuando el teléfono de Ionela, todavía en el suelo, vuelve a sonar. Esta vez soy yo quien responde, dispuesta a escupir otra sarta de insultos. Contra todo pronóstico la voz es mucho más calmada.

—Hola, soy sargento de policía. Acabo de recibir una denuncia por el secuestro de una menor. Le ordeno que traiga inmediatamente de vuelta a la joven.

Lo que hay que oír… ¡Los traficantes han tenido el morro de ir a la policía! ¿Otro agente corrupto? Imposible saberlo, pero la conminación del representante de la ley hace que la bilis que llevo rumiando desde esta mañana se desate. Monto en cólera y estallo:

—¡Cómo se puede ser tan tonto! ¡La menor a la que en teoría he secuestrado ha sido explotada como prostituta! ¿Cómo puede encubrir a gente así? Le habrán contado por lo menos que la han obligado a casarse con un extraño, ¿no?

—No, no sé de qué me habla. Yo lo único que sé es que tengo una denuncia por secuestro.

—¿Me puede decir su nombre, sargento?

—…

—¿Hola?

Acaban de colgar. Evidentemente el poli ha preferido cortar de cuajo. Ha debido de darse cuenta de que el asunto era serio. Ionela, como por instinto, mira por el parabrisas trasero, un gesto que ha repetido como unas cien veces desde que salimos de Calarasi. Presagio que le costará bastante tiempo andar por la calle sin volverse para mirar atrás…

—¿Qué me dices? ¿Tienes hambre?

—Sí.

—Pues vamos a parar a tomar algo.

Ya es de noche. No hemos comido nada en todo el día. Apenas nos quedan veinte minutos de camino para llegar al albergue y le quiero explicar un poco por encima el programa antes de presentarla al resto de chicas. Ya en el bar de carretera Ionela se abalanza sobre su plato. Aliviada, aunque agotada, ahora tiene prisa por llegar. Ese centro de acogida es para ella la oportunidad de cambiar de vida.

Trata

*R*umanía abastece de miles de chicas como Ionela las calles de toda Europa. Originarias de Pitesti, Bucarest, Iasi, Braila, Sibiu o Timisoara, llegadas de grandes ciudades o de pueblos perdidos de Transilvania, desembarcan en Madrid, Roma, París, Londres o Ámsterdam, donde pasan a engrosar las tristes huestes de las que hacen la calle por unos cuantos euros. Pero ¡ojo!, no querría por nada del mundo que se me malinterpretase: a mí las mujeres que optan por comerciar con su cuerpo ni me van ni me vienen. Yo no lucho contra la prostitución voluntaria, escogida y asumida, sino contra la trata de seres humanos. Hablo de muchachas obligadas y forzadas, a menudo menores, compradas y revendidas como simples trozos de carne; muchachas desarraigadas, torturadas, maltratadas psicológicamente, golpeadas, violadas y convertidas en última instancia en esclavas sexuales. Se trata ni más ni menos que de una violación, masiva y organizada, que se perpetúa hasta nuestros días, ¡en el siglo XXI en Europa!

A pesar de todo lo que he visto durante mis diez años de lucha, sigue corroyéndome por dentro que existan personas que se crean capaces de decidir lo que vale una vida y de exportar chicas como si fueran una mercancía cualquiera. ¿Necesitan a una joven rumana maleable para hacer la calle en España, Inglaterra u Holanda? ¡Señores, se abre la puja! Sepan que les costará al menos 800 euros si la compran en Rumanía y hasta 30.000 si prefieren adquirirla en sus países. ¡Por ese precio tienen derecho a decidir sobre su vida y su muerte! En cuanto al beneficio sobre su inversión, les garantizo que merece la pena: con solo conseguir que pase la frontera se estarán asegurando un beneficio del 150 por ciento. ¡Que hoy en día trae más a cuenta comerciar con mujeres y niñas que con armas o drogas, oigan! A diferencia de un arma, una chica se puede revender...

El fenómeno empezó en 1990, con la caída de Ceaucescu y de los regímenes comunistas de los países del Este. En los Balcanes, traficantes de todos los pelajes aprovecharon las sucesivas guerras para lanzarse al comercio del sexo. Cuando terminaron los conflictos, disimuladas entre los flujos de emigrantes que huían de la miseria de sus países, chicas de Macedonia, Lituania, Rusia, Bulgaria y Rumanía empezaron a desembarcar prácticamente por todos los rincones de Europa occidental, ocultas en maleteros o hacinadas en camiones, cuando no atracaban directamente en las costas italianas en balsas neumáticas. Hoy en día, ahora que son libres de circular por el espacio Schengen, cogen el avión con todas las de la ley. En cuestión de veinte años los países del Este se han convertido en los principales exportadores de prostitutas de la Unión Europea. Imposible conocer a ciencia cierta, dada la economía sumergida existente, la amplitud del fenómeno. Según los escasos estudios[2] de los que disponemos, de las residentes en el exterior 300.000 se prostituyen en Europa occidental. Hace cinco años apenas llegaban a 200.000... En otra época era Rusia quien encabezaba el pelotón de estas redes del sexo. Con el tiempo[3] Rumanía se impuso en la línea de meta y se convirtió en la campeona de los países exportadores de prostitutas emigradas a la Unión Europea.

Respecto a cuántas de ellas han sido vendidas... Probablemente la mayor parte. Por desgracia las redes, gestionadas por

2. Anualmente entre 800.000 y 2.400.000 de personas, en su gran mayoría mujeres y niños, son víctimas del tráfico sexual en el mundo.

3. Datos de un estudio internacional sobre trabajadoras sexuales de Europa realizado entre los años 2006 y 2008.

17

las bandas internacionales del crimen organizado, tienen hecho un buen rodaje. Alentadas por un falso compromiso de contratación, las chicas aceptan seguir a alguien a quien conocen vagamente y que resulta ser un reclutador, para ser vendidas luego por unos cuantos leis[4] a un traficante, quien no tarda en despacharlas al extranjero. Una vez que han pasado la frontera, se les confisca el pasaporte, se las muele a palos y se las obliga a prostituirse, sin recibir un solo céntimo de las sumas desproporcionadas que su chulo gana a costa de ellas.

¿Que no se lo creen? Y sin embargo está pasando delante de sus ojos, en sus calles, sus bares, sus aparcamientos, en las áreas de sus autovías, sin que a nadie le quite el sueño. En España, el principal destino de víctimas rumanas de la trata de mujeres, abordan a los clientes en pleno centro de las ciudades. Allí no es solo que la prostitución haya sido legalizada, es que ha pasado a formar parte del paisaje. Ver a chiquillas medio desnudas deambulando entre los transeúntes no parece molestar a nadie. En algunas regiones la captación de clientes en la vía pública solo está autorizada en la periferia de las ciudades; no hay problema: los coches van allí a hacer cola en los aparcamientos donde trabajan las chicas, auténticos parques temáticos al aire libre en los que los explotadores vigilan a su ganado con toda la tranquilidad. A uno de estos fue a parar Oana, una adolescente a la que acogí en mi albergue. Un conocido de su pueblo le prometió un trabajo de camarera en España. Una vez en Madrid su «acompañante» la dejó en un piso del centro en el que vivían dos mujeres de rostro severo. Debían de rondar los treinta años.

—Bueno, aquí es donde vas a vivir a partir de ahora. Estas mujeres se ocuparán de ti y te explicarán tu nuevo trabajo.

Acto seguido le quitaron el pasaporte con el pretexto de ponerlo a buen recaudo. A la mañana siguiente llevaron a Oana a un inmenso aparcamiento de la periferia de Madrid, en la zona de la Casa de Campo, que los proxenetas llaman el «tajo». Unas

---

4. Moneda nacional de Rumanía.

ciento cincuenta chicas, «maletas» en el argot callejero, extraños equipajes humanos expedidos desde diversos países de Europa, se prostituyen allí todas las noches. Las mujeres se lo explicaron:

—¿Ves este sitio? Aquí es donde vas a trabajar.

—No lo entiendo.

—Pues es muy simple. Por la noche los turistas vienen a darse un paseo en coche por aquí. Conducen despacio y miran a todas las chicas para escoger cuál quieren. Cuando un conductor te dice que vayas, te montas en su coche y tú le haces todo lo que te pida.

—¿Cómo?

—Sí, que si quiere una mamada, pues se la chupas, que te quiere dar por detrás, tú te dejas. ¿Lo ves? No es tan complicado. Nosotras hacemos lo mismo y nos ganamos nuestro buen dinero. Lo único que tienes que saber es cómo decir en español: «Hola, ¿quieres pasar un buen rato?».

—¿Pasar un buen rato?`

—Que si quiere que le hagas algo, y ya está.

—¡Ni loca! ¡No pienso acostarme con hombres! ¡Eso no era lo que hablamos!

—¿Acaso te crees que tienes otra alternativa?

—¡Nunca en la vida! ¡Antes prefiero morirme!

—¿Ah, sí? Eso ya lo veremos.

La mayor de las dos, entre risas, empujó violentamente a Oana contra su compinche, que le dio media vuelta a la joven y le propinó una buena bofetada en toda la cara. De la conmoción, a la aterrada Oana le entró hipo.

—Entonces, ¿qué? ¿De verdad quieres morir? Venga, volvamos. Ya empezarás mañana. Tienes toda la noche para reflexionar.

Tales escenas de intimidación brutal suelen suceder a plena luz del día. De tanto en tanto llega una patrulla a hacer la ronda y se pone a pedir identificaciones. Las chicas no se inmutan ante la presencia de los representantes de la ley: las mayores no hacen nada ilegal y las menores siempre tienen papeles falsos. En cuanto a los proxenetas…, los traficantes no son tontos.

19

En lugar de mandar a hombres, que llamarían demasiado la atención, utilizan a sus propias prostitutas para reprimir al resto, si es necesario por medio de la fuerza. Cuando asoma un coche patrulla, los corrillos de chicas se dispersan en cuestión de segundos para volver a formarse en cuanto los policías se van. Muchas son prostituidas también en puticlubs de Valencia, Barcelona y Almería, o incluso en zonas cercanas a la frontera con Francia. Dichos establecimientos, oficialmente hoteles, poseen todos los permisos reglamentarios. En su interior los proxenetas son los amos de las varias decenas de chicas que residen allí y que encadenan las sesiones en sus cuartos a un ritmo desenfrenado. Abajo, en el bar, el cliente hace su comanda como el que pide un combinado, con la diferencia de que todo se negocia... Porque las chicas no dudan en malvender sus servicios para seducir al parroquiano. Se puede conseguir un «completo»[5] por 15 euros...

En Italia, el segundo destino por orden de preferencia de los traficantes rumanos, las chicas no salen mejor paradas que digamos. Prohibir la prostitución en lugares públicos es como barrer debajo de la alfombra: de las aproximadamente setenta mil prostitutas que trabajan en el país —un 20 por ciento de ellas menores—, dos tercios lo hacen por callejones sombríos y parques apartados. En Milán un cementerio de la periferia de la ciudad resucita todas las noches con los sórdidos encuentros de jóvenes que se venden por poco dinero. La proximidad de un campamento rumano garantiza a los aficionados a pagar por sexo a precio de saldo. Con frecuencia los proxenetas ni se molestan en alquilar un piso: hacen dormir a las muchachas en los bosques de los alrededores, en tiendas o al resguardo de cartones, y las obligan a trabajar entre los arbustos de las inmediaciones...

También en Francia se limitan a limpiar por encima las aceras: si bien la captación de clientes está perseguida por ley, la

---

5. Entre 30 y 100 euros por la prestación «básica»: felación y penetración en una única postura.

prostitución como tal se tolera. ¿Cuántas son? ¿Veinte mil? ¿Treinta mil? Las chicas cambian de país con mucha frecuencia y cuesta saberlo. Pero en el fondo tal incertidumbre les conviene a todos. Prefieren decir que en el país vecino la cosa está peor y limitar el problema a una mera alteración del orden público. Lo único que les interesa a las autoridades francesas, obsesionadas con la inmigración ilegal, es expulsar a las chicas fuera de sus fronteras: las arrestan y las devuelven inmediatamente a su país, desde donde serán enviadas una vez más a otro lugar antes incluso de salir del aeropuerto. Las deportaciones masivas no hacen sino acrecentar el problema; y es que hasta la fecha dicha política no ha reducido el número de prostitutas. Basta con darse una vuelta por las estaciones parisinas, por los bosques que rodean las grandes metrópolis, por el Bois de Vincennes o el de Boulogne, o por el paseo de los Ingleses de Niza, para verlas surgir ante nuestras narices, unas siluetas enclenques vestidas con escasas ropas. A cada nacionalidad, su parcela de acera. En la escala del sexo remunerado las rusas están en lo alto del pódium. Las rumanas, por su parte, se ven relegadas junto a las búlgaras al penúltimo puesto, justo por delante de las africanas, las más baratas del mercado, con la clientela que eso conlleva… Para entendernos, les estoy hablando de la prostitución de gama baja, a años luz del universo de las *escort girls* o chicas de compañía. Por lo general las rumanas se entregan en coches, en bares sórdidos y entre sábanas sucias de hoteles cutres. Auténticas obreras del sistema, trabajan en cadena, enlazando siete, ocho, nueve o diez clientes por noche. Por no hablar de que se venden más baratas. De media hay que calcular 30 euros por una sesión rápida, 50 por un servicio de media hora y 100 si se hace en un hotel. Las rumanas malvenden su cuerpo por menos de 30 euros para alcanzar los objetivos fijados por el chulo. De modo que, por fuerza, la competencia molesta. Y no dudan en hacérselo saber a golpe de tacones de aguja…

Una chica que tiene que darle al menos 200 o 300 euros por noche a su chulo, por temor a represalias atroces, llega a extremos que son imposibles de comprender si nunca te ha amenazado un traficante de carne humana. Nadie es capaz de resistir la presión de bestias así. Cuando veo a esos sociólogos, a esos hombres de letras o políticos debatir sin fin sobre el derecho filosófico del ser humano a disponer de su cuerpo, se me revuelve el estómago. Se les da la palabra a *call girls* de lujo que conducen Porsches, se compadece a esas estudiantes de buena educación que afirman no tener otra forma de pagar el alquiler, pero ¡nadie se cuestiona el hecho de que una chiquilla de 15 años acepte hacerle una felación por 20 euros al primero que pasa!

Lo peor es que desde que en 2003 se aprobara en Francia la Ley de Seguridad Interior la prostitución clandestina ha proliferado. Los proxenetas, recelosos de mandar a sus chicas a las calles, han caído en picado sobre Internet para citar a clientes en pisos particulares, coches o bosques apartados del centro, donde las chicas son todavía más vulnerables a la brutalidad de sus chulos o de cualquier desaprensivo. ¿Que una se queda embarazada? Le pegamos puntapiés hasta provocarle un aborto. ¿Que le rompen un brazo en un descuido? La mandamos de vuelta al trabajo, sin tan siquiera llevarla a que la vea un médico. En Reino Unido, donde también está penalizada la captación, ocurre tres cuartos de lo mismo: en cuestión de unos años un país que durante mucho tiempo se libró de la trata de mujeres y menores se ha convertido en el nuevo destino de moda de este comercio. Las casas de citas más o menos discretas han eclosionado un poco por todas partes, como setas. Solamente en Londres hay varios centenares. Estos burdeles de la vergüenza, donde nadie sabe lo que ocurre, suelen tener domicilio fijo: las menores son violadas con total impunidad, ocultas tras cortinas de tul, a unos metros de familias de bien que suben el volumen de la tele para silenciar los ruidos sospechosos.

Los países reglamentaristas no salen mucho mejor parados. Al autorizar el comercio del sexo en escaparates o prostíbulos, donde los controles reducen los percances, Holanda ha estimulado al mismo tiempo la eclosión de una prostitución invisible, en bares de medio pelo o pisos particulares donde nadie irá a preguntar ni por la edad ni por los papeles de las inquilinas. Alemania, que ya ha alcanzado la quinta posición por detrás de

22

España, Italia, Grecia y la República Checa, no es la excepción a la regla: la existencia de burdeles lícitos no reduce la tasa de inmigrantes ilegales explotadas. Muy al contrario: tres cuartas partes de las 400 prostitutas censadas en el país —¡veinte veces más que hace diez años!— son de origen extranjero. Trabajan en bares o clubes ilícitos que proliferan tranquilamente pared con pared con establecimientos legales. ¿Recuerdan el mundial de fútbol de 2006? El ayuntamiento de Berlín mandó construir un gran complejo ¡con cabinas de servicios individuales que parecían retretes provisionales! Aquel marco incomparable atrajo al barrio a chicas de todas las nacionalidades, muchas de países del Este, que trabajaron en completa ilegalidad. En total se importaron más de cuarenta mil mujeres ¡para satisfacer el apetito sexual de millones de aficionados! Entre ellas menores, adolescentes expatriadas a la carrera para verse violadas por fanáticos del balón…

A todas esas chicas que han conocido el infierno consagro ahora mi vida. No puedo salvarlas a todas, pero cuando me llaman para que las ayude me empleo a fondo. No soy ninguna *superwoman*: recurrir a los puños no es lo mío. Por lo general evito enfrentarme directamente a los traficantes: aunque puedo gritar muy alto, soy bien consciente de que una rubia menuda de mi estatura, sin conocimientos de artes marciales, no da la talla ante esos animales. La mayoría de las veces las víctimas que acojo me llegan a través de ONG europeas. Algunas me hablan de sus compañeras, todavía retenidas contra su voluntad. Ellas hacen de intermediarias para que yo pueda entrar en contacto con las cautivas y garantizarles un lugar seguro donde refugiarse en el caso de que consigan escapar.

Si no las ayudo yo, ¿quién lo hará? ¿La policía? Cuando no son los polis los que están confabulados con los traficantes, es el sistema judicial el que desbarra. En Rumanía resulta imposible hacer una redada en un burdel o mandar al calabozo a un proxeneta si una prostituta no presenta una demanda. Además, las víctimas de la explotación sexual están demasiado atemorizadas para atreverse a dar el paso. Y las veces que van a la policía esta se limita a ponerlas en libertad: que es lo mismo

23

que decir a merced de sus torturadores. En el resto de Europa el problema es el mismo. Existen estructuras de acogida para las víctimas, pero son marginales y los policías no están lo suficientemente formados para distinguir a una meretriz tradicional de una víctima del tráfico sexual; los arrestos, por otra parte, son todavía demasiado escasos a pesar de que las leyes son cada vez más represivas. La colaboración, en particular entre los países miembros de la Unión Europea, hace aguas y los presupuestos destinados a la lucha contra la esclavitud sexual son irrisorios en comparación con su importancia. Resultado: los traficantes de carne humana tienen campo libre.

La impunidad de esos desgraciados me pone enferma… ¡Vivimos en sociedades supuestamente modernas donde se venden niñas! La explotación sexual no es ni más ni menos que una nueva forma de esclavitud que gangrena nuestras democracias. ¡Y nos quedamos de brazos cruzados! Oficialmente todos —los medios, los jueces, los políticos— se lamentan, ponen el grito en el cielo e insisten en que hay que hacer algo. En la práctica se arremete sobre todo contra el cliente. Procesos contra traficantes se entablan con cuentagotas. ¡Cadena perpetua es lo que merecen! No hay otra solución para que dejen de hacer daño.

La corrupción de Rumanía, que causa estragos en todos los niveles, me pone mala, pero la pasividad del conjunto de las instituciones europeas me resulta igual de intolerable. En realidad a todo el mundo le importa un comino. Con la excusa de que las chicas que deambulan por sus esquinas son extranjeras, se nos conmina a lavar nuestros trapos sucios en casa. No es solo escandaloso desde el punto de vista humano, es también completamente estúpido. Nuestro problema es también el suyo. Los traficantes rumanos reclutan en nuestro país, pero es al de ustedes adonde exportan su infeliz mercancía, son sus ciudadanos los que alimentan el tráfico, los que se acuestan con ellas, por decirlo alto y claro. Por esa razón la Unión Europea debe ayudar a Rumanía. Es necesario ayudarnos a reabsorber nuestra corrupción galopante, enviarnos expertos, formar a nuestros jueces, a nuestros policías. Los leis todavía circulan en

Rumanía pero dentro de dos años, cuando entremos en el euro, las transferencias veladas entre fronteras serán más fáciles aún. Ahora es cuando hay que actuar. Rumanía, queramos o no, es Europa. Se están haciendo cosas, es verdad, pero queda tanto…

Las paredes hablan

$\mathcal{A}$ principios de año el *Reader's Digest* me eligió Europea del Año.[6]

—¿Iana Matei?, tengo una buena noticia para usted —me comunicó con alegría Anka Kitorov, la representante de la organización en Bucarest.

—¿Una buena noticia? ¡Qué manera más bonita de empezar el día...! ¡Cuénteme, cuénteme!

Al enterarme de que el premio estaba dotado con 5.000 dólares suspiré de alivio. Encima me iban a dar dinero: eso también era bastante raro. Lo más increíble fue que la tal Anka Kitorov se creyó en la obligación de deshacerse en excusas:

—Debo decirle que lo siento muchísimo... Fue la delegación alemana la que nos habló de su trabajo. Por lo visto alguien allí leyó un artículo sobre su centro de acogida, pero aquí, en cambio, en Bucarest, nunca habíamos oído hablar de usted...

Y sin embargo, mi trabajo no es cosa de ayer: hace once años fui la primera persona en Rumanía en fundar un albergue

6. Desde 1996 los redactores jefe de 21 ediciones europeas del *Reader's Digest* eligen al Europeo del Año entre las personalidades que mejor encarnan las tradiciones y los valores de Europa. Iana Matei recibió el galardón el 20 de enero de 2010. Fue la primera personalidad rumana en obtenerlo.

para mujeres víctimas de bandas internacionales de prostitución. Desde entonces he recibido muchas distinciones. En 2006 el Departamento de Estado estadounidense me nombró Heroína del Año. En 2007 la Cámara de los Lores de Reino Unido me otorgó el Abolicionist Award, dotado también con una suma de 5.000 dólares. En 2009 la *Romanian Woman Magazine* me eligió Mujer del Año. Un galardón no suele ser mucho más que un trozo de papel, pero siempre resulta alentador. El último, el de Mujer del Año que me otorgó en marzo la ciudad de Orastie, me emocionó más que los otros: Orastie es donde nací el 30 de abril de 1960. Al fin y al cabo, esa aldea fortificada en medio de las montañas de Transilvania, ¿no es acaso el histórico bastión del pueblo dacio? En otras palabras: lo más granado de la población rumana. Bromeo, claro… Pero, aun así, aquello removió ciertos recuerdos. Cuando mi madre me trajo a este mundo no debía de tener ni veinte años. De joven había sido una deportista de competición, especializada en pentatlón; mi padre, que era entrenador de fútbol, fue su preparador. A pesar de que se llevaban veinte años se enamoraron y se casaron. Y luego aparecí yo. Al poco tiempo trasladaron a mi padre a Bucarest. Yo tenía tres años y no me gustaba aquel sitio. Los niños de nuestro bloque me robaban día sí día no los juguetes y mi triciclo nuevo desaparecía cada dos por tres. Apenas había tenido tiempo de adaptarme a mi nuevo ambiente cuando volvieron a trasladar a mi padre, esta vez a Pitesti, en el sur de Rumanía. En esta ciudad industrial situada al pie de los Cárpatos es donde fabrican desde 1966 los famosos Dacia, hoy en día en manos de la empresa Renault. Como entrenador del equipo local de fútbol que era, a mi padre le adjudicaron una pequeña vivienda oficial en el centro, en un bonito barrio cerca del río. No tardé en hacer nuevos amigos, con los que me pasaba el día brincando por aquí y por allá. Me gustaba correr, trepar a los árboles y dar volteretas por la ribera. También jugaba mucho a la pelota en la calle: mi sueño era ser futbolista, como papá…, para gran pesar de mi madre, a la que desesperaba mi lado varonil. Cuando regresaba a casa toda embarrada, solía recibirme con cara de espanto. Aunque llevaba

27

preparada mi defensa —alegar que me había caído, por ejemplo—, ella no era tonta:

—¿Te crees que soy imbécil? ¡Te he visto desde la ventana jugar con los niños en la calle!

—…

—¿Sabes cómo sé que eras tú? ¡Por tu vestido!

Mi madre era muy hábil con las manos. Dominaba el punto, el croché y la costura y me confeccionaba ropas fabulosas, rematadas con bordados de motivos ultrasofisticados. La gente nos paraba por la calle para piropear mis vestidos. ¡Cómo le habría gustado a mi madre que me comportase como una niñita de mi edad! Me quería mucho, pero no sabía hacérmelo ver. Aquellas prendas confeccionadas a mano eran su forma de demostrarme su cariño. Cuando volví al colegio mi madre, que hasta entonces se ocupaba de mí a tiempo completo, encontró trabajo en un jardín de infancia. Esperábamos las vacaciones de verano para reencontrarnos todos. Nos íbamos de acampada, o de pesca, a la montaña o al campo. Como mi madre odiaba la pesca, a veces me iba yo sola con mi padre. Me encantaban esos momentos de intimidad con él; era como mi mejor amigo, me confiaba a él más fácilmente. Me lo enseñó todo en la vida, no solo a poner un anzuelo…

Fui una niña feliz, a fin de cuentas. Tenía amigos, unos padres que me querían, me bastaba con eso para ser dichosa. La cuestión de la pobreza no se me planteaba: no conocía otra forma de vida más allá de la nuestra. La miseria y el hambre eran el pan diario de continentes lejanos. Si bien mi madre era ortodoxa practicante, mi padre solía decir que le costaba mucho creer en un Dios benévolo que aceptase que los niños muriesen de hambre en África. Con el tiempo viajé y me di cuenta de que el nivel de vida de nuestro país también era precario en muchos sentidos. Fue en la adolescencia cuando empecé a constatar el contraste entre nuestro régimen comunista y el resto de países del Viejo Continente. Antes de eso no me preguntaba por qué el antiguo televisor de nuestro salón no emitía ni una película, por qué solo se veían imágenes en bucle de Ceaucescu, entre retransmisión y retransmisión soporífera de conferencias interminables. Con los años mi frustración fue en aumento. En la escuela la enseñanza de la época no fomentaba la reflexión, solo se valoraban las matemáticas. Poco importaba que el alumno fuese un genio de la pintura o un apasionado de la literatura: para los profesores las asignaturas de ciencias eran las únicas que contaban. Por desgracia yo no sentía por ellas una predisposición especial, a pesar de que en el colegio mi tutora, que por supuesto era la profe de matemáticas, siempre aprovechaba para hurgar en la herida cada vez que se citaba con mis padres:

—Iana podría hacer mucho más —aseguraba—. ¡Si ella quisiera...!

Pero lo que yo quería era leer, escribir y dibujar. Empecé a pintar con trece años. Mi padre, que me animaba en todas mis pasiones, me regaló un lienzo de verdad, profesional. Fue el único al que le entusiasmó mi primera obra, y eso me hizo perseverar. No tardaría en dedicarle casi todo mi tiempo libre. También me encantaba leer. Uno por uno fui devorando todos los grandes clásicos de la literatura europea: otra forma de descubrir culturas distintas, modos de vida diferentes. Ni en el colegio, ni en la televisión ni en ninguna parte existía en Rumanía una apertura al mundo exterior. Lo único que contaba era el culto al Genio de los Cárpatos. Y poco importaba que la gente se muriese de hambre, que la administración estuviese corrompida o que la policía hiciese reinar el terror: el régimen de Ceaucescu era una plaga, pero todo el mundo tenía demasiado miedo para articular críticas en voz alta. En casa, en cuanto expresaba alguna reserva, mi padre me regañaba:

—Calla, el sistema no se critica, está prohibido.

—¡Qué hipocresía!

—Esa no es la cuestión. Las paredes hablan, no lo olvides. Y tú tienes una bocaza que te va a traer muchos problemas.

—Y entonces, si la gente no está contenta, ¿por qué no se echa a la calle para decirlo?

—Eres joven e inconciente, Iana. No comprendes que en Rumanía todo el mundo hace lo que le dicen que haga, y punto.

—Pues no, no lo comprendo...

—Escucha bien una cosa, Iana: si Ceaucescu se levanta un día y le da por arrestar a toda la población, no solo no encontrará a nadie que le lleve la contraria, sino que habrá quienes le susurren: «¿Quiere que le traigamos las cuerdas?».

Seguí sus consejos y silencié mi bocaza, aunque en mi fuero interno estaba escandalizada. Me refugié aún más en los libros. Escribía muchos poemas y me apasionaban los idiomas. Tenía por ellos cierta predisposición por el origen de mi padre: esloveno por parte de madre y checo por parte de padre, un arquitecto que emigró a Rumanía antes de la Segunda Guerra Mundial. Mis abuelos me hablaban a veces del Bucarest de antaño, del *Little Paris* europeo, una ciudad con encanto y con una gran efervescencia cultural. Por desgracia la capital había cambiado mucho… El caso es que mis abuelos se comunicaban en serbio y mi padre, que lo hablaba en casa, me lo transmitió a mí a su vez. En la escuela estudiaba inglés con asiduidad, y también en casa: me pasaba el día metida en la terraza, donde me tiraba horas llenando cuadernos con versos y engullendo literatura francesa, hasta el día en que mi padre llegó y me dijo:

—¿Por qué no sales un rato a darte un paseo?

—¿Para qué?

—No es normal pasar tanto tiempo sola, Iana. A tu edad deberías salir con tus amigos.

Su comentario me sentó un poco mal pero tampoco es que me trastornara mucho. En el fondo me interesaba más el interior de las cosas que el exterior. Aunque también sabía que no estaba hecha para un trabajo de oficina. Llevada por mi pasión por el arte decidí formarme en pintura mural: en Rumanía, otra cosa no, pero monumentos viejos que restaurar no faltaban. En la universidad tenía acceso a la biblioteca francesa y a sus numerosas revistas. Se trataba por entonces de la única forma de saber lo que pasaba en el extranjero. Así aprendí francés.

Tras tres años de estudios empecé a trabajar. Aunque la mayoría de las obras eran en iglesias, un día participé en la restauración del palacio Ghica-Tei, un edificio del siglo XIX de Bucarest que unos empresarios pretendían transformar en restaurante. La obra era enorme y nuestro equipo, numeroso. Durante la restauración encontramos frescos muy bien conservados. Vinieron a vernos entonces un responsable del Ministerio de Cultura y un delegado del de turismo. El primero insistía en que era prioritario conservar los frescos, mientras que el segundo opinaba que el restaurante tenía que abrirse y que, por lo tanto, había que pintar las paredes tal y como estaba previsto. El pulso se alargó durante días. Mientras tanto nos rascábamos la barriga… Una tarde en la que los miembros del equipo, ociosos, se disponían a volver a sus casas, una inesperada tormenta nos obligó a buscar refugio en el interior. Era verano, hacía mucho calor. Llevada por un impulso repentino, me dije que no tenía ganas de esperar a que pasase el diluvio. Me despedí de mis compañeros y me lancé al aguacero. Uno de ellos vino tras de mí. Nunca había hablado con él. Intenté disuadirle:

—No pasa nada, puedo volver sola. ¡Anda, vuelve adentro a guarecerte!

—¡No me molesta! De hecho creo que has tenido una idea estupenda.

Se llamaba Dimitri. Al cabo de unos días me invitó a cenar. Por el restaurante se paseaba un gitano ofreciendo rosas. Para mi asombro, Dimitri me compró toda la cesta. La mesa quedó cubierta de flores, y yo, muy impresionada… Unos meses después nos casamos.

Dimitri era ingeniero civil. Después de trabajar en varios complejos hosteleros, le confiaron la construcción de la presa de Hateg, en Transilvania. Cuando mi padre murió en 1982 mi marido se las arregló para que lo trasladasen cerca de Pitesti y estar así más cerca de mi madre. Dos años más tarde volvíamos a mudarnos. Después de Bucarest nos instalamos en Campulung. Allí, a cincuenta kilómetros de mi ciudad natal, fue donde traje al mundo a Stefan el 15 de enero de 1988. Cuando estaba embarazada rezaba para que fuese una niña. Había decidido llamarla Mirona. Nada más dar a luz la comadrona me tendió el bebé con una gran sonrisa:

—Ha tenido un niño precioso.

31

—Ah, vaya. ¿Y cómo se llama?

La comadrona me miró con extrañeza:

—Pues… No lo sé, es usted quien se lo tiene que poner.

—Yo había escogido Mirona.

—¿Mirona?

—Sí, claro, ¡es que se suponía que era una niña!

Todavía hoy, cuando Stefan rememora esta historia que le he contado montones de veces, pone cara de ultrajado, suspira y dramatiza:

—No era un hijo deseado. ¡Qué le vamos a hacer! Mi madre habría preferido una niña…

Pero más allá de esa pequeña pifia fui una madre normal… Dejé el trabajo para ocuparme de Stefan. Mientras, Dimitri construía hoteles por la ciudad. Nos iba bastante bien. Por las mañanas una vecina me traía leche recién ordeñada; en aquellos tiempos de penurias, no todo el mundo tenía esa suerte. En Pitesti, donde de vez en cuando pasaba varios días en casa de mi madre con Stefan, había que levantarse al alba para aprovisionarse en el punto de racionamiento más cercano. La distribución empezaba a las siete de la mañana, pero la cola era larga y no tenías garantías de recibir algo al final. A veces, cuando por fin me tocaba ¡me decían que no quedaba leche! Nos pedían entonces, a mí y a todas las que estaban detrás, que volviésemos al día siguiente… Pero no eran más que pequeños contratiempos cotidianos sin importancia. Los problemas serios, por contra, venían de mi pareja. Mi marido era muy bueno…, cuando estaba sobrio. Mi madre ya me lo había advertido:

—Ten cuidado, Iana, esa boda no ha sido buena idea, Dimitri bebe demasiado.

Achaqué aquel comentario a los típicos celos maternos. Dimitri era un hombre sensible, un artista: en sus horas muertas escribía poesía y pintaba paisajes. Me gustaban mucho sus cuadros. El problema era que el alcohol le volvía agresivo. No reparé en ello hasta nuestra luna de miel. Aguanté sus crisis durante mucho tiempo: cuando recuperaba la compostura se deshacía en excusas y prometía que iba a cambiar, que solo yo podía ayudarle. Un día perdió los papeles delante de Stefan, al que yo le estaba dando de comer una sopa. Las lágrimas de mi hijo me hicieron el efecto de un electrochoque: fue la gota que colmó el vaso. De ningún modo permitiría que Stefan viviese con miedo. Poco tiempo después pedí el divorcio. Por el bien de mi hijo el tribunal, en la audiencia preliminar, me asignó el piso provisionalmente, pero mi marido no tenía intención de mudarse y al poco la situación se volvió insostenible. Tuve que dejar a Stefan con mi madre e irme a casa de una amiga a Bucarest, a la espera del juicio. Trabajaba entre semana e iba a ver a mi hijo los sábados y los domingos a Pitesti, a hora y media de la capital.

El proceso se eternizó porque mi marido se negaba a divorciarse: en caso de desavenencia, la legislación imponía que se respetase un periodo de reflexión con el fin de estimular la reconciliación de la pareja. Comparecimos tres veces ante el juez, y tres veces tuve que responder a las mismas preguntas:

—¿Se han arreglado las cosas entre ustedes?

—No.

—¿Mantiene su demanda de divorcio?

—Sí.

—Haga un esfuerzo. Dejaré que reflexione y ya nos veremos dentro de tres meses.

Por fin, casi un año después del comienzo del proceso, el divorcio se resolvió a mi favor: obtuve la custodia de Stefan. En Rumanía la revolución no había hecho más que empezar. Todavía no sabía que me cambiaría la vida.

33

La revolución

—*H*ola, ¿Iana?

—¿Sí?

—Soy Wan. Menos mal que te pillo en casa. Ya está, ¡es la revolución! Ceaucescu y su mujer han huido en helicóptero. Todo el mundo se está echando a las calles. ¡Avisa a los demás, tenemos que vernos!

Era la tarde del 22 de diciembre de 1989. Wan era la amiga con la que compartía piso en Bucarest. Como funcionaria de la cadena de televisión nacional siempre se enteraba de todo antes que los demás. La revuelta rugía por doquier. Unos días antes, en Timisoara, al oeste del país, la Securitate, la policía secreta que tanto temíamos, había reprimido por la fuerza una manifestación en apoyo a un pastor protestante húngaro, Laszlo Tokes, al que querían deportar por oponerse al régimen. El día 21 decenas de miles de obreros habían entrado en la ciudad coreando eslóganes anticomunistas. El ejército disparó contra la muchedumbre y, según se contaba, hubo muchos muertos. Algunos hablaron incluso de masacre… Aunque la televisión ocultó el asunto y nadie sabía con exactitud qué había pasado, el rumor corrió como la pólvora por todo el país. La cólera llevaba meses amenazando con estallar en Rumanía. El pueblo, harto de la política económica de Nicolae Ceaucescu —quien se había empeñado en sufragar la deuda exterior mediante la exportación forzosa de toda la producción agrícola—, ávido de libertad y asqueado por el terror ejercido por parte del régimen, no podía más. El rumor de la masacre de Timisoara hizo las veces de detonador.

En Bucarest Ceaucescu, quien había vuelto precipitadamente del extranjero, organizó —el mismo día que sus soldados disparaban a los obreros de Timisoara— un baño de masas que se retransmitió en directo por televisión para apaciguar a la gente y demostrarles a todos que tenía el apoyo del pueblo. En cuanto empezó a hablar en el balcón del antiguo Senado la muchedumbre concentrada en la plaza empezó a corear: «¡Timisoara! ¡Timisoara! ¡Abajo el dictador!». El presidente se vio obligado a interrumpir su discurso y a partir de ese momento las calles se convirtieron en un hervidero. Todo el mundo salió, corriendo hacia todos lados. De tanto en tanto se escuchaban disparos aislados pero, al parecer, aún no había que lamentar ningún herido.

Al día siguiente por la mañana no fui a trabajar. Desde el amanecer, llegaba desde el exterior el repiqueteo de las ráfagas de metralletas. Los vecinos me dijeron que el ejército y la Securitate habían actuado por la noche y habían matado a manifestantes. Así y todo, el sonido de los disparos multiplicaba mi motivación: era la ocasión para acabar de una vez por todas. Después de hablar con Wan hice como diez llamadas de teléfono. Cogí el chaquetón y me precipité a la calle para reunirme con los demás en la plaza de la Universidad.[7] No me lo habría perdido por nada del mundo: por fin las cosas se movían y la gente se atrevía a levantarse. Como una única persona los rumanos dijeron «no» al sistema comunista y reclamaron su libertad. En poco tiempo mis amigos y yo fuimos tragados por la marea de miles de personas que atestaban el centro. Empujados por unos y por otros nos reencontramos ante la sede de las oficinas centrales del Partido Comunista: ¡los civiles habían invadido el edificio! Todo un símbolo… Era evidente que la noticia de la huida del matrimonio Ceaucescu, que según conta-

---

7. Piaţa Universităţii, plaza que se convirtió en el escenario de los enfrentamientos más violentos de 1989.

ban habían abandonado el palacio presidencial en helicóptero, había calentado los ánimos. El retrato del presidente, arrancado de una pared, voló por la ventana. Otros exhibían sus botines desde el piso de arriba mientras arengaban a la muchedumbre:

—¿Quién quiere naranjas? ¡Mirad lo que tenían, mirad! ¡Naranjas, plátanos! ¿Quién quiere?

En aquella época un ciudadano medio no podía encontrar ese tipo de frutas. Solamente las comíamos en Navidad. Y empezaron entonces a llover naranjas de manos de los saqueadores sobreexcitados que tiraban por las ventanas todo lo que pillaban. Poco más tarde me enteré de que el palacio presidencial, aquel monumento gigantesco que encarnaba la desmesura de nuestro dirigente, había sido tomado. Era simple y llanamente increíble... Aunque estábamos sumidos en el más absoluto caos, fuertes vientos de optimismo soplaban por las calles de Bucarest. Nuestro dictador había sido derrocado, pero ¿lo sabía el resto del país? ¡Había que propagar la buena nueva! Todos tuvimos la misma idea: difundir la información a cuanta más gente posible.

—¡Hay que mandar a alguien a la televisión!

—¡Nosotros nos encargamos!

La televisión rumana, cuya sede de paredes turquesas había sido tomada por el pueblo, dejó de emitir durante varias horas. Cuando la trasmisión volvió a funcionar, todo el mundo se congregó en torno a los viejos aparatos en blanco y negro de las viviendas de las plantas bajas. De esta forma nos enteramos en directo de la formación de un Gobierno provisional constituido por miembros del Partido Comunista; Ion Iliescu también lo integraba. ¿Cómo ese viejo aliado del presidente, que había creado de buenas a primeras el Frente de Salvación Nacional, podía estar en el poder? Por todas partes se desataban las discusiones. Para unos, Iliescu representaba la promesa de un futuro mejor; para otros, una impostura.

—¿Iliescu? ¡Pero si es el mejor amigo de Ceaucescu! ¿Otro comunista? ¡Nos la están dando con queso, no va a cambiar nada!

—De eso nada, era su enemigo, él también ha sufrido con la dictadura.

Es cierto que reinaba cierta confusión. Aunque se había decretado el estado de emergencia, el ejército se había aliado con los insurgentes dejando a la Securitate como único amparo del presidente. Las informaciones contradictorias que difundía la televisión se sumaban al caos reinante. Para explicar las imágenes de escaramuzas y las escenas de vandalismo que se habían grabado en el centro urbano, los comentaristas hablaban de misteriosos «terroristas»: según los periodistas estos asesinos, salidos no se sabía de dónde, disparaban contra la población y habían atacado varios puntos estratégicos, como la radio, el centro de prensa o incluso el Ministerio de Defensa. En el aeropuerto Otopeni dos compañías del ejército se habían enfrentado entre sí, pues cada una acusaba a la otra de ser terrorista. Ya nadie comprendía nada. Fue en ese momento cuando la gente empezó a hablar de manipulación: lo que todo el mundo había entendido como un movimiento popular revolucionario empezaba a parecerse cada vez más a un golpe de Estado enmascarado. Había quienes veían allí la mano de los servicios secretos, mientras otros acusaban a Rusia de haberlo orquestado todo... Todavía hoy a los historiadores les cuesta desenredar la trama. La identidad de aquellos famosos terroristas, por ejemplo, sigue siendo un misterio. Tanto es así que ya en diciembre de 1989 empezamos a sentirnos traicionados. La ejecución el día de Navidad del matrimonio Ceaucescu, arrestado al aterrizar su helicóptero a unos kilómetros de la capital, no bastó para calmar los ánimos. El pueblo quería respuestas. ¿De qué servía la revolución si no podíamos expresarnos libremente? Si bien Iliescu y su pandilla poscomunista reclamaban un régimen democrático, en el fondo nada había cambiado de verdad.

Precisamente para reclamar la verdad decidimos protestar. El movimiento pacífico cobró forma de manera espontánea e informal en la plaza de la Universidad, donde pasada la Navidad llegaron en masa centenares de manifestantes. Había gente de todas clases: muchos estudiantes, madres de familia como yo, parejas, obreros, profesores... Todos los días llegaba gente

37

nueva a engrosar nuestras filas. Algunos venían de muy lejos, alertados por el boca a boca, pues, en efecto, todavía no teníamos acceso a la televisión, donde se negaban a darnos la palabra en antena. Ningún medio vino a entrevistarnos. Y sin embargo era importante que todos los rumanos supiesen lo que estábamos haciendo en la plaza de la Universidad. En marzo mandamos un pequeño destacamento a la emisora de televisión. Nuestro objetivo era abrir el debate al invitar a los representantes de la cadena a que viniesen a hablar con nosotros. Para nada: nadie quería escucharnos.

Entre unos cincuenta manifestantes emprendimos una huelga de hambre que duró varios meses. Los que se debilitaban demasiado eran sustituidos por otros; así siempre había un núcleo de unas veinte personas en ayunas. El ambiente era extraordinario. Los transeúntes se paraban para conversar con nosotros, venían artistas para apoyarnos y los mejores oradores improvisaban discursos desde los balcones. Por la noche cantábamos y arreglábamos el mundo durante horas. De vez en cuando volvía a casa para dormir un poco. Me alegraba de haber dejado a mi hijo en Pitesti: estaba mejor con mi madre que en aquel ambiente de revuelta. La unidad de nuestro movimiento, por otra parte muy desorganizado, resultaba muy hermosa. Mientras, en la televisión nos presentaban como un grupo de *hooligans* amorales. Iliescu mandó a gitanos a la plaza para que se pusiesen a vender bocadillos y cervezas: fueron estas imágenes de vendedores ambulantes ilegales las que aparecieron en la televisión para desacreditarnos, omitiendo adrede precisar quiénes éramos.

Muy cerca de allí el hotel Continental estaba lleno de periodistas extranjeros que querían saber más de nuestra protesta pacífica. Su presencia nos garantizaba la inmunidad: Iliescu no se habría atrevido a enviar al ejército contra nosotros ante las cámaras de medio mundo. Al fin y al cabo, ¡él iba de líder democrático! Además, Iliescu había programado elecciones presidenciales para el 20 de mayo. A partir del mes de abril empezamos a reclamar que se prohibiese a los antiguos miembros del Partido Comunista que se presentasen como candidatos. A nadie sorprendió que Ion Iliescu fuese ratificado en sus funciones.

El Gobierno pasó al ataque el 13 de junio de 1990. Esa noche un joven se coló en nuestra tienda con cara de loco:

—¡La policía nos tiene rodeados!

No daba crédito. Un minuto después me montaba en mi bici para ir a inspeccionar los alrededores. No tuve que llegar muy lejos. Delante de la sede del antiguo Partido Comunista vi varios autobuses de los que bajaban decenas de policías armados hasta los dientes. En la plaza Romana acababan de aparcar otros tres autobuses similares. Volví a la plaza de la Universidad para prevenir al resto, que esperaba bajo la tienda.

—¡Están llegando! ¡Estamos atrapados como ratas!

Apenas había tenido tiempo de acabar la frase cuando un batallón de uniformados surgió por el flanco del museo nacional de arte y atravesó la calle a paso de carga hacia nosotros. Llegaron otros tantos desde la embajada estadounidense. El pánico cundió en cuestión de segundos. Todo el mundo intentó huir. Algunos de nosotros tuvimos el reflejo de correr a refugiarnos en el hotel Continental. Justo cuando alcanzamos el edificio, el conserje del hotel cerró y puso una barricada delante de la puerta de la calle. Asustados por los grupos de manifestantes desperdigados, tres taxistas cuyos vehículos estaban ya llenos de fugitivos cerraron sus puertas. Yo me vi empujada y aplastada contra uno de aquellos vehículos. Una de las portezuelas se abrió y alguien del interior me agarró del brazo, tiró de mí hacia dentro y me apretujé contra las otras cinco personas que ya lo ocupaban. Acto seguido el taxista arrancó. Apenas avanzó unos cientos de metros antes de que una barrera de agentes de policía, pertrechados con cascos y porras, nos bloqueara el paso. El coche dio rápidamente media vuelta y se precipitó por una bocacalle para evitar las arterias principales, inundadas de hombres uniformados. Pero ¿de dónde salían? Más tarde supimos que Iliescu había mandado traer a mineros del valle del Jiu, una región industrial situada al suroeste de Rumanía, para restaurar el orden en Bucarest.

39

Por suerte estábamos a salvo. ¡Habíamos escapado por los pelos! Ante la necesidad imperiosa de fumarme un cigarrillo fui a echar mano instintivamente del paquete de tabaco…

—¡Mi bolso!

—¿Cómo? ¿Tu bolso?

—El bolso, que se me ha olvidado allí.

—¿Dónde?

—En la plaza de la Universidad, ¡me lo he dejado en la tienda!

El resto de ocupantes del coche me miraron con incredulidad. El hombre que había hablado conmigo quiso indagar:

—No me digas que tenías el carné de identidad.

—Ehh… sí.

—¿Estás loca o qué? ¿Te das cuenta de que no puedes volver a tu casa?

—¿Por qué?

—Porque la policía encontrará el bolso y sabrán que has estado allí. Tendrán tu dirección. A estas horas ya estarán esperándote en casa.

Era una catástrofe… La policía iría a buscarme, ¡me meterían en la cárcel! Al instante pensé en mi hijo, cuya custodia acababa de conseguir. Volverían a quitármela, seguro… Esa noche dormí en casa de una amiga. Por la mañana vi los informativos de la televisión, convencida de que los manifestantes habrían vuelto a la plaza de la Universidad. No era el caso. Había habido muertos. En cuestión de unas horas nuestro movimiento pacífico había terminado en un baño de sangre. Llamé al abogado que se había ocupado de mi divorcio para pedirle consejo. Me confirmó que me había metido en un buen marrón.

—La ley es muy clara, Iana: una pena de cárcel es redhibitoria, le quitarán la custodia de Stefan. Tiene que abandonar la ciudad, pero hay un problema: la policía está controlando las salidas principales.

—Y entonces, ¿qué hago?

—Un amigo mío tiene coche. Puede ayudarle a escapar.

—¿Podría llevarme su amigo hasta la frontera con Serbia?

—¿Para qué?

—Voy a intentar pasar la frontera. Es la única forma de no perder a mi bebé.

—La llevará donde quiera. Solo tiene que pagarle la gasolina.

Mi exmarido, que trabajaba en Turnu Severin, una ciudad muy cercana a Serbia,[8] me había hablado de un rumano que había atravesado clandestinamente la frontera por aquel punto. Era mi única salida. Ni se me ocurría pensar en atravesar a nado el Danubio; no me veía capaz de semejante hazaña. Descubrí en un mapa un pequeño afluente del Danubio, el canal Bega: si lo bordeaba podría llegar a Yugoslavia. Convine con mi abogado en que era más seguro que su amigo esperase a que cayera la noche para venir a recogerme. A partir de ahí solo me quedaba avisar a mi madre, que cuidaba de mi hijo. Todavía puedo oír su voz histérica por el auricular del teléfono:

—Pero ¿qué has hecho? ¡Han venido unos policías a la casa, te estaban buscando!

—Tranquilízate, mamá.

—¿Que me tranquilice? Ah, y entonces, ¿qué se supone que tengo que hacer?

Mi madre sabía que participaba en el movimiento de protesta desde hacía meses. Preocupada, había hecho todo lo posible para desalentarme.

—Te lo suplico, no vuelvas, es peligroso.

—No tengo elección, mamá.

—¡Pero piensa en tu hijo!

—Precisamente por eso, lo hago por él. Tengo la esperanza de que pueda llevar una vida mejor que la mía. Si vosotros hubieseis hecho lo mismo hace cuarenta años no estaríamos todavía viviendo en un país comunista.

Ante aquel argumento mi madre no supo qué responder. Yo era joven, no me daba cuenta de lo estúpido que era echarle aquello en cara… Cuando me enteré de que la policía había

8. Por entonces uno de los Estados que componían la República Federal Socialista de Yugoslavia.

ido a su casa comprendí que no se trataba de ninguna broma. Tenía miedo, pero mi determinación no cedió ni un ápice. Por la noche mi conductor me sacó de la ciudad sin problemas. De camino a Turnu Severin hicimos un alto en Pitesti: no podía irme del país sin darle un último abrazo a mi hijo. Al llegar a la calle donde vivía mi madre el conductor redujo la marcha y sentí un nudo en el estómago ante la perspectiva de que la policía me estuviese esperando. Por suerte no había ni un alma. Solo estuve cinco minutos, el tiempo justo para darle un beso a Stefan e informar a mi madre:

—Lo dejo a tu cargo. Cuídalo bien. Voy a cruzar la frontera. En cuanto pueda te llamaré para mantenerte al tanto. Ya veremos luego cómo reunirnos.

—Cuídate mucho.

—Adiós, mamá.

Tenía el corazón partido. Solo Dios sabía cuándo volvería a ver a mi pequeño… El conductor me dejó en Turnu Severin, desde donde cogí un autobús para llegar al pueblo por el que pasaba el afluente que había descubierto. Me pasé la noche bordeando el cauce del río. Solo me detenía a fumar de vez en cuando. Me acordaba de lo que me decía mi padre: «Por la noche se puede ver el fuego de un cigarrillo desde muy, muy lejos…».

Asustada por la idea de que me descubriesen me sentaba en la hierba para fumar, cubriendo con la palma el cigarrillo e impedir así que brillase en la noche. Cada tanto miraba mi estrella en el cielo. Cuando era niña decreté que me pertenecía: era una muy pequeña, al lado de la Osa Mayor. En uno de esos descansos, mientras miraba el cielo cuajado de pequeños puntitos centelleantes, vi una estrella fugaz.

—Dios mío, ayúdame a llegar sana y salva al otro lado de la frontera.

Apenas hube terminado mi plegaria cuando otra estrella fugaz partió en dos la oscuridad. Cerré entonces los ojos e hice un segundo ruego:

—Dios mío, que vuelva a ver a mi hijo cuanto antes.

Dios debió de escucharme porque no me crucé con un alma

en todo el camino. A la mañana siguiente me escondí en una zanja que bordeaba un maizal: era mejor esperar a la noche para cruzar la frontera. Al principio iba con los ojos bien abiertos, aterrorizada ante la idea de que me viese algún lugareño que no dudaría en correr a denunciarme. Sin embargo el cansancio se apoderó de mí y me quedé dormida. Me despertaron los ladridos de un perro; el sol estaba en lo alto del cielo y hacía mucho calor. Empapada en sudor, escuché que se acercaba un hombre: debía de estar trabajando el campo. Agazapada al fondo de la zanja, me quedé inmóvil con la mirada clavada en la loma que tenía ante mí. De pronto apareció el hocico de un perro en mi campo de visión. El animal se quedó quieto y me observó; estaba muerta de miedo, el animal tenía que olerlo a la legua. Cualquier otro perro habría ladrado en esa situación pero aquel no emitió ni un gañido. Al cabo de unos segundos regresó con su dueño. Decididamente mis plegarias no habían caído en saco roto...

Cuando el sol empezó a ponerse salí de mi escondrijo y seguí el río hasta una carretera: el curso de agua se hundía en ese punto y probablemente iba a dar al Danubio un poco más allá. A unas cuantas decenas de metros, junto a un puente, se levantaba una inmensa torre de madera: el puesto fronterizo. Sabía que había otro algo más al este. Mi intención era pasar entre ambos. Aunque el pueblo estaba en la misma frontera, tenía que atravesar una propiedad particular para llegar al otro lado. Bordeé la carretera hasta que encontré una parcela sin perro. Miré bien las ventanas para asegurarme de que no había nadie y luego fui corriendo hasta la parte trasera de la casa, donde me deslicé por debajo de las alambradas que rodeaban el terreno.

Me vi ante un campo recién sembrado: aquello debía de ser la famosa *no man's land* de la que me habían hablado. A la izquierda los árboles tapaban la torre de observación que había visto antes: no había pues posibilidad alguna de que me viesen. Por contra, a mi derecha se distinguía la otra torre. En la penumbra era imposible saber si los soldados hacían guardia en la pequeña plataforma de lo más alto. Ante mí veía brillar las

43

aguas negras del Danubio. Me dirigí hacia ellas medio agachada, avanzando a pasos minúsculos como un ratoncillo, con los ojos vueltos hacia la torre, al acecho del más mínimo movimiento sospechoso. Cuando llegué a la orilla caminé unos metros, todavía agazapada, hacia la mole sombría e imponente que se dibujaba a mi derecha: era un puente muy raro, metálico de arriba abajo, en paralelo al Danubio.[9] ¡Aquello no tenía ningún sentido! Unos minutos después llegaba al otro lado. Supe por el mojón de los kilómetros blanco con la punta roja que había llegado al final: por un lado ponía «R. S. F. Romania»[10] y por el otro, «R. S. F. Yougoslavia».

Una vez que dejé atrás el puente me aventuré algo más vivaracha por un terreno despejado, hacia lo que ya sabía que era Serbia. De pronto un grito me dejó petrificada:

—Stoï!

Se me paró la respiración. ¿Stoï? ¿Había oído bien? En serbio aquella palabra significaba «alto», pero también podría haber sido la palabra rumana «staï», que significa lo mismo. Una cosa era cierta: me hablaban a mí. ¡Era para llorar de rabia que te cogiesen tan cerca del fin! ¿Qué iban a hacer conmigo? ¿Meterme en la cárcel? Era medianoche pasada, la zona estaba desierta. Podrían llegar a matarme incluso; a fin de cuentas casi lo prefería... Con un nudo en la garganta, reuní todo el coraje que pude y avancé aparentando el mayor aplomo posible hacia las dos luces que vacilaban ante mí. En un par de pasos me inventé una historia: hablaba inglés, de rumano nada y menos aún serbio, era una periodista extranjera que había perdido la documentación y estaba desorientada... Eran dos hombres, cada uno llevaba en la mano una pesada linterna con la que me apuntaron antes de dirigirla al suelo. No podía verles las caras. Con una voz que pretendía ser firme les ordené en inglés:

—¡Enséñenme sus cascos!

9. Presa hidráulica de las Puertas de Hierro del Danubio, en pleno parque natural de ambos países.
10. República Federal Socialista de Rumanía.

Se miraron entre sí sin mediar palabra. ¿Hablarían inglés?

—¡La linterna! ¡En la cabeza por favor! ¡No diré una palabra más sin antes haber visto sus cascos!

No sé si me entendieron pero uno de ellos iluminó la cara del otro al hablarle: era un tipo joven, jovencísimo, no tendría más de 18 años y parecía mucho más asustado que yo. Y lo más importante: ¡no llevaba el casco de los soldados rumanos! Sentí tal alivio que le habría dado un abrazo…

—Síganos.

Me hablaron en serbio. Me pegué a ellos y les fui pisando los talones, más animada ya. Sin embargo mi entusiasmo no duraría mucho: aquel camino a través de una maleza alta y mojada no acababa nunca. Al cabo de unas cuantas horas de marcha nocturna llegamos por fin ante unos barracones militares, donde ambos soldados me condujeron a la oficina de su superior, al que habían informado por *walkie-talkie*. Estaba amaneciendo. Llevaba dos días sin comer. Estaba hambrienta, sucia, agotada, muerta de frío y con los bajos del pantalón empapados hasta las rodillas. Con todo, no podía ni imaginarme que lo peor estaba por llegar. Me creía a salvo al estar fuera de mi país; no había tenido tiempo de pensar en lo que pasaría después…

—Soy el responsable de esta unidad. Siéntese, señora.

El militar hablaba en serbio. Como una autómata comencé a contarle mi historia en su idioma:

—Soy una manifestante por la paz, la policía rumana me está buscando, pero tengo un bebé y no quiero que…

No me dejó terminar. Indiferente a lo que le estaba contando, me cortó con un tono neutro.

—La han cogido cruzando la frontera de forma ilegal. Comparecerá usted inmediatamente ante un juez, ese es el procedimiento.

Cinco minutos más tarde salía del campamento de barracones, escoltada por otros dos soldados que me hicieron subir a un coche: aquel puesto militar estaba perdido en medio del campo y el juzgado se encontraba en la ciudad, unos kilómetros más allá. El día empezaba a despuntar cuando entramos en

aquel pueblucho desconocido. En el tribunal la jueza solventó mi caso en un visto y no visto. Mis circunstancias atenuantes no cambiaron nada, la sentencia recayó sobre mí, implacable:
—Veinte días de prisión.
Con unas palabras mi mundo se derrumbó.

Refugiada

¿*E*n la cárcel? ¿Yo? Era imposible, ¡tenía que ser un error! ¿Qué podía hacer? ¿Protestar? ¿Quién me habría escuchado? No, de momento no podía hacer nada. Me llevaron a la penitenciaría de aquel pueblo del que no sabía ni el nombre. Una vez allí me fotografiaron de frente y de perfil y me tomaron las huellas dactilares. Con un nudo en la garganta pensé en mi madre: «Gracias a Dios que no está aquí mi madre para ver tratar a su hija como a una vulgar criminal».

Mientras humedecía el dedo en la tinta se me saltaron las lágrimas. Me sentía realmente miserable. Me llevaron a mi celda, una habitación de quince metros cuadrados con un mobiliario mínimo donde conocí a mis nuevas compañeras: una mujer rumana, Rodica, y su hija de diecisiete años, a las que habían sentenciado a quince días de prisión por el mismo motivo que a mí; y Natacha, una serbia condenada a cadena perpetua por haber matado a su marido. Esta última llevaba nueve años cumpliendo condena y, a fuerza de convivir con presas rumanas, dominaba nuestro idioma a la perfección. Rodica y su hija, en cambio, habían llegado no hacía mucho. Eran de Timisoara: me lo contaron todo sobre la manifestación, las pancartas anticomunistas, los tanques, los heridos que caían… Por mi parte les resumí mi periplo. Había una cuestión en concreto que me atormentaba:

—¿Qué van a hacer conmigo? No pensarán meterme veinte años de cárcel, ¿verdad?

Natacha, avalada por su experiencia, me respondió muy segura de sí misma:

—No te preocupes, las clandestinas no echan raíces aquí. A la mayoría las deportan a Rumanía al cabo de unas semanas y ya está.

—¡Ah, no, todo menos eso! No he pasado por este suplicio para volver al punto de partida.

—Me temo que no te queda otra.

—Eso ya lo veremos…

Mientras, hasta que encontrase una solución, debía obedecer las reglas de la cárcel. Natacha me las explicó:

—Tienes que hacerte la cama todas las mañanas. Durante el día no te puedes echar, solo sentarte en la silla. Si te quieres lavar las manos hay un lavabo en el reservado que tienes detrás de ti.

Tras una puerta cerrada aquel reservado albergaba asimismo un inodoro a la turca. Aparte de las sillas y de las literas alineadas a lo largo de las paredes, en la celda había una mesa, un televisor y un viejo telar de madera.

—¿Y ese telar? ¿Para qué es?

—Es mío: tejo alfombras para sacar algo de dinero.

—¿Y si no sabes tejer?

—Puedes hacer labores de costura.

—¿Está bien pagado?

—Te da para pagarte cinco o seis cigarros al día.

Tabaco… Me iba a hacer falta.

—Pues me interesa. ¿Con quién tengo que hablar?

—Se lo diremos al guardia. Te traerá una máquina de coser y ropa de las internas para que la remiendes.

—Muy bien. ¿Y la ducha? Estoy muy sucia, llevo tres días sin ducharme…

—La ducha comunal es una vez por semana.

Como acababa de llegar se me autorizó utilizar mi turno de ducha el segundo día, bajo la vigilancia de las guardianas. En el resto de la prisión solo hombres se ocupaban de nosotras. Al quitarme la ropa me vi una roncha en la pierna que parecía una picadura de mosquito. Estaba roja e hinchada. Cuando me enjaboné me di cuenta de que me dolía bastante: sin duda una irritación debida al roce del pantalón mojado cuando caminaba por la maleza. Al rascarme empezó a sangrar. De vuelta a la celda, estrenando traje de interna, le enseñé la pierna a Rodica, que exclamó torciendo el gesto:

—¡Dios mío, pero si es una garrapata!

¿Una garrapata? Conocía esos bichos porque había tenido perros, pero pensaba que solo mordían a animales. Esto era el colmo: ¡la cárcel, la foto con el número de presa, las huellas dactilares, y ahora infestada de garrapatas! Tenía la impresión de haber sido relegada al grado cero de la especie humana…

Cuando me levanté a la mañana siguiente me sentía pachucha. Hice la cama como pude antes de sentarme en la silla. No había nada que hacer, no tenía fuerzas ni para mover el meñique. La frente me ardía, la cabeza me daba vueltas. Pese a las consignas, volví a echarme en la cama, cuidándome de no meterme debajo de la manta. Cuando el guardia, que hacía su ronda varias veces al día, levantó la mirilla de la puerta para inspeccionar el interior de la celda, ladró:

—¡Eh, tú, gitana, so guarra!, ¿qué haces ahí en la cama?

—Estoy mala.

—¿Mala?, una mierda mala, ¡no eres más que una vaga!

La mirilla se cerró con un chasquido seco. El guardia regresó al cabo de una hora.

—Levanta y ven conmigo.

Lo seguí a la planta superior, hasta la enfermería, donde me examinó un médico.

—Tiene usted neumonía. Le voy a recetar unos antibióticos.

Jolín, lo que me faltaba… Con todo, quizá se me brindaba una forma de hacerme escuchar. Al día siguiente anuncié a Natacha y a Rodica que iba a emprender una huelga de hambre. Me miraron con los ojos desorbitados.

—Pero ¿por qué vas a hacer algo así? ¿No te quieres curar?

—Es la única forma de que me escuchen. No quiero volver a Rumanía.

—Pero ¿qué va a cambiar eso?

—Quiero hablar con el director.

Poco después pasó un guardia a verme.

—¿Ahora qué? ¿Qué te has inventado?

—No volveré a comer hasta que no hable con el director.

—¿Y qué es lo que quieres con el director? ¿Te crees que va a perder el tiempo contigo?

—Exijo que haga venir a un representante de ACNUR.

—¿ACNUR?

—Sí, la Agencia de las Naciones Unidas para la Ayuda al Refugiado. Lo único que quiero es que sepan que estoy aquí. Es lo único que pido.

El guardia se encogió de hombros y se fue refunfuñando. Aguanté bien. Durante unos días no toqué la escudilla de estaño. Estaba muy débil, pero resuelta a llegar hasta el final. Sabía que no había otra solución si quería volver a ver a mi hijo algún día. Un guardia venía con regularidad con mis antibióticos y no se iba hasta asegurarse de que me los tomaba. Aquello debía de fastidiarles, una presa que se dejaba morir. Natacha se pasaba el día intentando hacerme entrar en razón.

—Iana, ¿de verdad pretendes morir en esta cárcel?

—Prefiero morir a no volver a ver a mi hijo.

—Pero morir no te servirá de nada. Come un poco, hazme el favor. Esa gente no va a hacer nada por ti.

Su insistencia se me antojaba sospechosa y me temía que estuviese compinchada con mis carceleros. Rodica, por su parte, no decía nada: estoy segura de que ella habría hecho lo mismo que yo. El director de la prisión me convocó por fin en su despacho. Era bastante joven, no tendría ni cuarenta años. A su lado había un hombre muy barbudo al que nunca había visto. El director se dirigió a mí en rumano:

—¿Por qué quiere causarme problemas? ¿Qué le he hecho yo?

—Esto no tiene nada que ver con usted. Mire, tengo un hijo que no ha cumplido ni los dos años. Si los serbios me deportan a mi país, me meterán en la cárcel y me quitarán su custodia.

—Conozco mucho mejor que usted la legislación rumana,

y tiene razón, probablemente eso sea lo que ocurra. ¡Pero no es razón para montar tanto jaleo! ¿Ve a este caballero? Es el señor Bladan, de ACNUR, ha venido para verla. ¿Está ya contenta?

—Sí, muy contenta. Señor Bladan, no le pido que intervenga, lo único que quiero es asegurarme de que ACNUR sepa dónde estoy y haga todo lo posible para que no me deporten a Rumanía sin antes haber estudiado mi caso.

—Muy bien, señora Matei, quedo al corriente.

Eso fue todo. Impaciente, el director puso punto final a la conversación:

—Vale, y ahora regrese a su celda.

Rodica se me echó encima:

—¿Y bien?

—¡He visto a un hombre de ACNUR!

—¿Estás segura de que era de ACNUR?

—Sí, bueno, llevaba una identificación en el cuello… Aunque, ahora que lo dices, no he comprobado lo que ponía.

De golpe me sentí estúpida. ¿Cómo no se me había ocurrido comprobar la identidad del barbudo? Me enfadé mucho conmigo misma. Aun así, era demasiado tarde, no podía hacer otra cosa que esperar y cruzar los dedos. Decidí entonces volver a comer.

Al poco Rodica y su hija se fueron: como tenía una menor a su cargo, a mi amiga solamente le habían echado quince días de prisión. Un guardia vino a avisarles de su salida. ¿Para ir adónde? Nadie se lo dijo. Fue difícil para mí no tenerlas conmigo. Nos habíamos hecho amigas y lo compartíamos todo. Cada vez me angustiaba más mi suerte. Al cabo de unos días vinieron a por mí. Llevaba veinte días presa. Justo delante de la cárcel me metieron en un furgón sin ventanillas, donde ya había otros cuatro o cinco detenidos. Me puse a hablar con el joven rumano que iba sentado a mi lado:

—¿Sabe adónde nos llevan?

—Si no me equivoco nos llevan de vuelta a Rumanía.

—¿Está seguro?

—De las cinco veces que he cruzado la frontera, las cinco

51

veces me han devuelto a Rumanía. Me sé el camino de memoria. Es muy sencillo: si dentro de unos veinte minutos atravesamos unas vías de tren es que nos llevan de vuelta a casa.

—¿Y luego? ¿Qué pasa luego?

—Al llegar se abren las puertas y la policía se nos echa encima. Nos muelen a palos y luego nos dejan ir.

No pude evitar tragar saliva ante la idea de que me diesen una paliza. Mi vecino no se equivocaba: al cabo de veinte minutos notamos cómo el furgón cruzaba un paso a nivel. Estaba aterrorizada. Pero al poco la cólera me invadió y se apoderaron de mí los instintos asesinos. Me prometí luchar hasta el final. Si al menos conseguía darle un par de puñetazos y de mordiscos a mis atacantes, podría darme por satisfecha... El furgón se detuvo. Cuando se abrieron las puertas tenía los puños apretados, dispuesta a darles rienda suelta... Nos dejaron bajar tranquilamente. Vi un edificio con una gran cristalera a través de la cual me miraba Rodica, que levantaba el pulgar en señal de victoria... Estaba sumida en la confusión más absoluta. ¿Qué hacía allí mi amiga? ¿No estábamos en un puesto fronterizo rumano? Ya dentro del edificio nos hablaron en serbio. De repente lo comprendí todo: era un campamento, ¡un campo de refugiados! Exultante de felicidad, abracé a Rodica y la apreté con fuerza contra mí. ¡Estaba salvada!

Me instalaron en un cuarto con ella, su hija y otras tres personas. Conocí al marido de Rodica, que vivía en otra zona del campo, con los hombres. También vi de nuevo a Costell, el joven que vino en el furgón conmigo. No sé cuántos refugiados estábamos en el campo pero los había de todas las nacionalidades: rumanos, chinos, árabes... Nos cruzábamos en el enorme salón de refugiados, donde había un televisor y una pequeña biblioteca. Podíamos desplazarnos libremente y pasear al aire libre por el recinto del patio interior. Pero más allá de esta relativa comodidad, era un poco como una cárcel: todos estábamos allí por un plazo indefinido y no se nos permitía salir del campo. Todo el mundo estaba a la espera de que lo convocasen para una entrevista con los responsables de ACNUR. Los que llevaban más tiempo allí contaban que a veces venía la policía y se llevaba a refugiados para devolverlos a su país antes incluso de tener la entrevista. Ocurrió en una ocasión durante el tiempo que estuve allí. Encerrados en nuestras habitaciones, oímos cómo las puertas metálicas se iban abriendo una por una y cómo resonaban los gritos por el corredor. Los pasos se acercaron. Estábamos todos muertos de miedo… Mi puerta no se abrió y los pasos se alejaron.

Un día discutí con Olga, una policía serbia del campo a la que le había contado mi historia.

—Ya no hay razón para que le concedan el estatus de refugiada política, ¡la revolución ha derrocado a Ceaucescu! —me decía.

—Ceaucescu estará muerto, pero el régimen que lo ha sustituido es tres cuartos de lo mismo.

—¿Cuánto tiempo dijo que había estado haciendo la huelga de hambre?

—Unos quince días en total.

—¿Unos? ¿No lo sabe con seguridad? ¿Cómo puede haber olvidado un «detalle» así?

—¿Por qué le iba a mentir? ¡Uno no cuenta los días! ¡Yo no podía saber que tendría que rendir cuentas ante un comité de evaluación!

Me ponía furiosa que dudasen de mi buena fe. Por fin recibí la carta en la que me citaban para la entrevista. La señora que me recibió era serbia.

—¿Iana Matei? ¿Es usted rumana?

—Sí.

—Su padre, en cambio, nació en Maribor, Eslovenia.

—Correcto.

—Ahora lo entiendo todo…, ustedes los eslovenos siempre están causando problemas.

Tardé unos segundos en comprender que estaba bromeando. Aunque todavía no había estallado la guerra de Yugoslavia, Eslovenia había sido la primera en tirar de la manta al exigir su independencia. Aquella señora era inteligente. Le conté toda mi historia y pareció comprender mis motivaciones. La entrevista terminó con una nota de optimismo:

—Bueno, Iana Matei, haremos todo lo que esté en nuestras manos para ayudarla.

Aún no había nada ganado. Iba a recibir la respuesta de ACNUR a lo largo de las siguientes semanas. Había que esperar todavía… Lo que más rabia me daba era no poder llamar a mi madre para decirle que estaba viva, que había llegado a salvo al otro lado de la frontera. Llevando como llevaba varias semanas sin noticias mías, debía de creerme muerta. Por fin llegó la carta donde se estipulaba que me concedían el estatus de refugiada política. ¡Estaba en el séptimo cielo! También la familia de Rodica obtuvo el preciado «salvoconducto». Empaquetamos una vez más nuestros escasos efectos personales y volvimos al furgón, esta vez rumbo a Belgrado. En el vehículo reconocí al señor Bladan, el barbudo que había venido a verme a la cárcel. En esa ocasión se mostró más dicharachero:

—¿Cómo es que habla usted serbio?

—Mi padre era esloveno y lo hablaba en casa.

—Tengo entendido que también habla usted inglés, ¿es cierto?

—Sí, con fluidez.

—¿Algún idioma más?

—También he estudiado francés.

—¿Le interesaría trabajar de intérprete para ACNUR?

—¿Por qué no? ¡La verdad es que no tengo nada en la agenda!

Se trataba de un empleo a tiempo parcial, remunerado con veinte dólares al mes, aunque con alojamiento y comida gratuitos. Como viviría en Belgrado hasta que pudiese traerme a mi hijo, tenía que hacer frente a mis necesidades: ¡el trabajo me caía del cielo! Me instalé en el hotel pagado por ACNUR. Compartía habitación con Mihaela, intérprete también para la ONU. Íbamos a trabajar juntas todos los días, nos hicimos amigas enseguida. Mi trabajo consistía en ayudar a los agentes diplomáticos durante sus entrevistas con los refugiados, aunque también traducía todo tipo de documentos. En Belgrado había muchos refugiados como yo, en una especie de *stand-by* de uno o dos años hasta que ACNUR les encontraba un país de acogida, en función de sus demandas. Les ayudaba a rellenar los formularios para conseguir comida, ropa y trabajo.

Yo misma había presentado en la Cruz Roja de Belgrado una solicitud de repatriación de mi hijo. Me advirtieron de que la espera podía ser de seis meses. ¿Y por qué no tres años? Seis meses... ¡eso era mucho tiempo! Nuestra separación ya había durado demasiado. Además, mi marido no tardaría mucho en descubrir que había huido de Rumanía; tenía miedo de que fuese a por Stefan y se lo llevase con él. La idea me resultaba insoportable. Decididamente tenía que averiguar otra forma de traerme a mi hijo. Mihaela, que trabajaba con muchos refugiados provenientes de Timisoara, me habló de una en particular.

—Iana, conozco a una señora que tiene un hermano que vive en Timisoara.

—¿Y bien?

—Pues que el hijo de ese hombre tiene dos años y medio, casi como el tuyo...

Comprendí al instante adónde quería ir a parar... Mihaela me puso en contacto con esa señora para que le expusiese mi idea: consistía en convencer a su hermano para que viniese con Stefan haciéndole pasar por su propio hijo. Viajarían los dos en tren y atravesarían la frontera para que yo pudiese reencontrarme con mi hijo al otro lado. Por supuesto, estaba dispuesta a pagarles por el favor. Unos días después de nuestro encuentro me llamó la señora:

—Mi hermano está de acuerdo. Le llevará a su hijo a Yugoslavia por cien dólares.

—¡Estupendo!

Planeamos el viaje para la primera semana de abril. Llamé entonces a mi madre para explicarle el plan.

—Mamá, he encontrado un modo de que venga Stefan. Me lo va a traer un hombre de Timisoara. Escucha, atenta: a principios de abril tienes que ir con Stefan a Timisoara.

—¡Pero si eso está en la otra punta del país!

—Calla y escucha, no tenemos alternativa. Ese hombre te recogerá en Timisoara y te quedarás en su casa una semana, hasta que Stefan se familiarice con él. Justo antes de la salida del tren, le afeitas la cabeza al niño.

—Pero ¿por qué iba a hacer algo así?

—Porque es moreno y tiene el pelo rizado y el pequeño por el que le vamos a hacer pasar es rubio con los ojos azules. No es cuestión de que la foto del documento de identidad levante sospechas, ¿entiendes?

—Entiendo, entiendo.

—Dale también un jarabe que le calme, para que se quede dormido. No quiero que se asuste. ¿Te has enterado de todo?

—Sí, claro, pero me parece un poco complicado.

—¿Tienes otra solución?

—No.

Por mi parte tenía que organizar también ciertos detalles. Lo primero de todo fue ir a ver a Judy, la directora de ACNUR en Belgrado. Me había recibido cuando empecé a trabajar como intérprete y teníamos muy buena relación desde entonces. Era una mujercilla delgada con el pelo corto entrecano, muy dinámica, que siempre intentaba solucionar las cosas. Solíamos charlar en la cafetería de ACNUR y ya estaba al tanto de que quería traerme a mi hijo de Rumanía.

—Judy, me gustaría cogerme unos días de baja a principios de abril.

—¿Necesitas tomarte un descanso?

—No, he encontrado a alguien que me va a traer a mi hijo. Tengo que ir a por él a la frontera.

—¿Perdona? Te recuerdo que como refugiada no tienes derecho a acercarte a menos de cincuenta kilómetros de la frontera rumana.

—…

—¡Iana! ¡No hagas una estupidez así!

—¡No puedo esperar seis meses para ver a mi hijo!

—Te entiendo, pero es arriesgarte demasiado.

Aunque Judy no aprobaba mi conducta, me concedió la baja. Cada vez que me la encontraba intentaba disuadirme.

—Iana, ¡no me obligues a atarte a un banco!

Yo le sonreía, sin responderle. Conforme pasaban los días

me iba poniendo cada vez más nerviosa. Todavía tenía que hallar una forma de llegar a la frontera. Cuando solamente faltaban dos días aún no tenía vehículo. Me iba a volver loca… Me salvó el estanquero de la gasolinera que estaba justo a la entrada de mi hotel. Al verme contrariada vino a hablar conmigo:

—Iana, ¿qué es lo que te tiene tan agobiada?

—Mi hijo me estará esperando mañana en la frontera y no tengo coche para ir a recogerlo.

—¿Eso es todo? No te preocupes, voy a ver qué puedo hacer.

Un amigo suyo se ofreció a llevarme hasta la frontera en coche. La víspera del viaje mi amiga Michka me dio unos ansiolíticos.

—Toma, Iana, coge una tableta… O mejor llévate la caja entera. Si por lo que sea tu hijo no está allí, tómatelas para calmarte, ven rápido a verme y encontraremos algún medio de hacerle venir. Si hace falta mi marido se coge un avión y va a por él.

A la mañana siguiente Mihaela, al verme tan nerviosa, me leyó un versículo de la Biblia.

—¿Tú crees en Dios?

—Creo que Dios nos ayuda cuando nos ayudamos a nosotros mismos.

Mihaela me cogió de la mano y rezó conmigo para que mi hijo llegase sano y salvo. Por unos instantes me invadió un sentimiento de paz y supe en mi fuero interno que todo iba a salir bien. Mi conductor vino a recogerme a última hora de la mañana. Llevaba unas gafas de sol tan grandes que no podía verle los ojos. Por el camino no dejó de chincharme para que me relajase:

—Mire lo que le he comprado: pañuelos de papel. ¡Si su hijo no está en el andén le regalo la caja enterita!

Llegué a tiempo a la cita. En el andén intenté distinguir a mi pequeño entre la masa de viajeros que bajaba del tren. No le veía. Ante mi nerviosismo mi acompañante no las tenía todas consigo. Y luego, de repente, lo vi con su pañoleta azul en la cabeza. Vi que el conductor estaba llorando, se le habían empañado las gafas.

57

—¿Ve al pequeño con el pañuelito azul? ¡Es mi hijo!

Para mi asombro se enfadó:

—Pero, bendito sea, ¿por qué se ha puesto usted a llorar, mujer? Creía que su hijo no estaba. ¡Qué susto me ha dado!

Yo lloraba y reía al mismo tiempo. Avancé unos pasos y por fin apreté a mi hijo entre mis brazos. Hacía tres meses y 17 días que no lo abrazaba.

—¡Mamá, has venido!

—No, mi chiquitín, eres tú el que ha venido.

Le pagué al hombre de Timisoara, que me contó que habían estado a punto de rozar la catástrofe.

—Stefan se ha despertado justo antes de pasar la frontera, y al no verla se ha puesto a llorar. Y entonces hemos tenido que bajar del tren para el control de pasaportes. Cuando he llegado ante el policía, le he contado que tenía al niño malo y le he pedido que me dejase llevarle al baño. He tenido que explicarle a Stefan que iba a ver a su mamá dentro de cinco minutos, que los policías eran malos y que, si había algún problema, no volvería a ver a su madre. Se ha calmado de golpe. Al regresar a la cola he tenido suerte: le he tendido el pasaporte, con Stefan en brazos, y el agente me lo ha sellado sin mirarle...

¡El pobre hombre todavía temblaba! Le pagué lo convenido y nuestro conductor nos llevó de vuelta a Belgrado, donde me dejó en casa de Michka, que se había traído a sus sobrinos para que Stefan se sintiese a gusto. Mi hijo, sin embargo, no dijo ni pío. Cuando nos fuimos le pregunté:

—¿Te pasa algo?

—¿Esa gente está mala?

—¿Mala? ¿A qué te refieres? ¡Pero si son muy amables!

—Ya, pero están malos. ¿No ves que no saben hablar?

¡Claro! ¡Michka hablaba serbio y Stefan solo sabía rumano! Qué risa me dio...

Al día siguiente llevé a Stefan a ACNUR, donde le presenté a todos mis compañeros. Judy, siempre con la cabeza sobre los hombros, me preguntó al instante:

—¿Tienes sus papeles?

—¿Qué papeles?

—Iana, ¡se necesita una partida de nacimiento para regularizar sus papeles! ¿Cómo puedo saber que es de verdad tu hijo? ¿Sabes que te pueden acusar de secuestro?

—…

—Bueno, digamos que nunca le he visto. Ven a verme cuando tengas los papeles.

Mi madre me envió por correo la partida de nacimiento y el documento oficial que estipulaba que tenía la custodia de mi hijo. Así fue como el niño obtuvo también el estatus de refugiado. «¡De tal palo tal astilla!», comentó Judy divertida al darme sus papeles nuevos. Se refería a pasar la frontera de forma ilegal…

Los primeros días fueron difíciles para Stefan. La barrera del idioma le suponía un verdadero problema. Pero luego aprendió serbio. Al principio Rodica se encargaba de él mientras yo trabajaba; al cabo de un tiempo le apunté a una guardería, donde se adaptó muy bien. Siete meses después hablaba serbio a la perfección. Lo siguiente que tendría que aprender sería inglés.

Bajo el sol de Australia

 Yo no quería Australia, quería Canadá. Podías pedir tres países si eras refugiada: Estados Unidos, Australia y Canadá. El espíritu hegemónico del primero me repelía y el segundo estaba demasiado lejos. Me quedaba Canadá. Durante los acontecimientos de la plaza de la Universidad me entrevistó una periodista canadiense que tuvo la gentileza de escribirme tiempo después: me preguntaba cómo me iba, quería saber si estaba bien y si podía hacer algo por mí. Aquella delicadeza me había conmovido mucho y vi en ella el indicio de un país amigo. Así fue como rellené un formulario para Canadá y entregué la solicitud. Poco después me crucé con Judy, que regresaba de una conferencia en el extranjero. Estaba de muy buen humor.

—Tengo una noticia estupenda: he negociado con los australianos y han aceptado reabrir sus fronteras a los refugiados. ¡Acogerán a trescientos este año! ¡Ah, por cierto!, he modificado tu solicitud, he puesto Australia en vez de Canadá.

—¿Cómo? Pero yo no quiero ir allí, ¡eso está en el fin del mundo!

—Confía en mí. Para una madre soltera como tú, Australia es mucho mejor: tienen el mejor sistema de asistencia social que existe.

Judy era mi jefa y las órdenes de una jefa no se discuten. En mi interior estaba convencida de que Australia rechazaría mi expediente y podría entonces repetir mi solicitud para Canadá... Recibiría la respuesta en un plazo de quince días. Entre tanto Judy me había citado con una persona de la embajada australiana, un hombre muy atento.

—Mire, normalmente no debería decírselo, pero no pasa nada, le puedo anunciar a partir de ya que su candidatura será aceptada.

Así fue como me vi embarcada rumbo a la tierra de los canguros. La salida no se fijaría hasta pasados unos meses. Conseguí que mi madre viniese a Belgrado para despedirme de ella. A saber cuándo volveríamos a vernos... Sin embargo me iba sin pesar: sabía que mi futuro próximo no estaba ni en Rumanía ni en Yugoslavia. Siempre habría tiempo de volver. Stefan, que hablaba ya serbio con soltura, acabó haciéndose a la idea. Mi argumento de peso era que allí tendríamos perro. Echaba mucho de menos el caniche de mi madre y nuestro piso de Belgrado era demasiado pequeño para meter un animal. Por suerte era un niño muy bueno...

Lo único que sabía sobre nuestra nueva patria de acogida era que estaba muy lejos, que era muy bonita y que hacía mucho calor. Antes de nuestra partida nos enseñaron fotos de Perth, la ciudad donde viviríamos, en la costa occidental de Australia.

—Ya verán, es una ciudad pequeñita. Pero si no les gusta, siempre pueden mudarse a otra parte.

Las imágenes del mar y de las casitas recién pintadas me conquistaron, sabía que me gustaría. Despegamos en el otoño de 1991 con un nutrido grupo de refugiados. Al bajar del avión me sorprendió la suavidad del aire. Debían de ser las dos o las tres de la mañana y a mi alrededor todo el mundo llevaba chaqueta, mientras que yo iba en camiseta: ¿estaba loca aquella gente? En el aeropuerto una señora del Departamento de Inmigración nos estaba esperando para conducirnos a nuestro piso provisional.

—¡Bueno, bienvenidos a su casa! Pueden quedarse en este piso hasta seis semanas. Encontrarán todas las provisiones necesarias para mantenerse durante quince días. Luego se les dará una ayuda que les permitirá hacer frente a sus necesidades.

No faltaba de nada: vajilla, comida, cepillos y pasta de dientes… Decididamente aquella gente sabía hacer bien las cosas. Rachel no se separó de nosotros en quince días: alta en la Seguridad Social, apertura de una cuenta bancaria, asesoría jurídica…, nos reuníamos cada dos por tres con el resto de refugiados. Un intérprete nos acompañaba a todas partes. Un policía vino a explicarnos varios puntos sobre la legislación australiana; el grupo le acribilló a preguntas:

—¿Qué papeles debemos llevar siempre encima?

El agente arqueó las cejas:

—¿A qué se refiere?

—Pues para los controles.

—¿Qué controles?

—En Rumanía debíamos llevar siempre los papeles de identidad con nosotros. La policía nos controlaba con frecuencia por las calles.

—Y eso, ¿para qué? ¡Aquí nadie les va a controlar!

Pero ¿qué clase de país era ese que no sospechaba de nuestras idas y venidas? La conversación prosiguió en el mismo tono surrealista.

—Escúchenme bien —precisó el policía—, aquí la ley es muy permisiva, inclusive con los ladrones. Si su perro muerde a alguien, tendrán que pagar una multa, incluso si la víctima es un ladrón que intentaba entrar en su casa.

Ante nuestras miradas de incredulidad se explicó:

—Les contaré una historia: un día un ladrón entró en una casa, un allanamiento de morada. Irrumpió por la ventana del dormitorio de los niños. Tropezó con los juguetes que había tirados por el suelo y se rompió una pierna. Denunció a los padres y ganó el juicio.

Nunca sabré si la anécdota era cierta o si el agente se estaba quedando con nosotros. Fuera como fuese, algunos de mis congéneres no daban crédito:

—¡Qué escándalo! ¡Australia es un país para criminales!

Aquel choque cultural era muy divertido… Además, ninguno de nosotros habría podido soñar con una acogida mejor: se encargaban de todo, siempre había alguien para responder a nuestras preguntas. Al principio la amabilidad australiana me desconcertaba: por la calle la gente con la que me cruzaba me sonreía y algunos incluso me saludaban. ¡Era tan poco habitual para mí! Mi acto reflejo era comprobar si llevaba bien la falda o si se me había pegado algo en el pelo... Me costó un tiempo darme cuenta de que no se estaban riendo de mí.

Por supuesto la parte idílica no duró mucho. Al cabo de un mes la nostalgia se apoderó de mí. Era todo tan nuevo, tan distinto... Me costaba adaptarme a un ambiente en el que no hallaba ningún referente; intentaba aferrarme a cosas concretas: el río, los árboles... ¡En vano! En Australia la hierba no crecía igual, ¡parecía de plástico! Ni el más ínfimo hierbajo brotaba en unos céspedes frondosos e impecables, ni una rama sobresalía de los arbustos cortados a cordel. Y cuando contemplaba el cielo tampoco lograba distinguir mi estrellita: ¿qué había sido de las constelaciones que solía contemplar tan a menudo de pequeña? No había nada allí que me perteneciera, no había ninguna historia que me ligase a aquel lugar, la gente tenía su vida hecha, se conocían entre ellos, mientras que mi hijo y yo no teníamos nada, éramos unos completos desconocidos. Llamaba a mi madre cada dos por tres. ¡La factura del teléfono era de órdago!

Por suerte teníamos la ayuda social: 420 dólares dos veces al mes. Pude alquilarme un dúplex: de cuatro habitaciones, ¡no encontré nada más pequeño! Nunca había vivido en un sitio tan espacioso. Stefan dormía conmigo por la noche. Tuvimos suerte: nuestros vecinos de rellano eran bosnios y hablaban serbio; mi hijo podía jugar con sus hijas. Lo apunté a la misma guardería a la que iban las vecinitas: durante las primeras semanas le hicieron de intérpretes. Gracias a ellas Stefan no tardaría en chapurrear inglés. Dejé de hablar rumano en casa para facilitarle la integración a Stefan.

La mía fue menos clara. Desde que llegué, buscar trabajo se convirtió en mi prioridad. Como titulada en pintura mural, solicité empleo en un par de galerías de arte. La primera entrevista acabó con todas mis esperanzas. Aun así, la mujer que me recibió fue muy simpática y me escuchó pacientemente. Cuando terminé mi pequeño *speech*, me dijo con una sonrisa:

—Todo lo que me cuenta es apasionante, da la sensación de que está usted muy preparada pero, bueno, como sabrá, nuestra historia no tiene más de doscientos años.

—Vaya...

—Lo que intento decirle es que en Australia no va a encontrar muchas pinturas que restaurar.

¡Pues claro! ¿Cómo no se me había ocurrido antes? Aquello complicaba las cosas. ¿Cómo iba a ganarme la vida? La segunda semana vino una señora a hacernos unas pruebas de aptitud ligüística, porque la mayoría de refugiados no hablaban inglés. Cuando terminó la prueba me llevó a un aparte.

—Su inglés es muy bueno, no tiene por qué volver a dar clases. ¿Ha pensado ya qué quiere hacer?

—Trabajar, pero no tengo ni idea de en qué.

—¿Y por qué no va a la universidad?

—¿Con treinta años?

—¿Por qué no? Con un título australiano tendrá más posibilidades.

—Bueno, de acuerdo.

En la oficina de información de la facultad me preguntaron:

—¿A qué carrera le gustaría apuntarse?

—A la que sea, siempre y cuando encuentre trabajo.

—Muy bien, entonces le vamos a hacer un cuestionario para determinar su nivel y sus puntos fuertes.

Respondí a varias decenas de preguntas, de las que se desprendió que, al parecer, tenía predisposición natural al contacto humano. Me aconsejaron que hiciese psicología, y allí que me inscribí sin darle más vueltas. Las clases, por lo demás, resultaron ser muy interesantes. Stefan y yo no tardamos en disfrutar de nuestra pequeña rutina. Su inglés mejoraba con los días. Al curso siguiente entró en el colegio. Necesitaba dinero para pagar sus libros y los míos, la ayuda social apenas nos daba para llegar a fin de mes. Postulé entonces para un puesto de secretaria en una empresa de transporte. La persona que me recibió para la entrevista de contratación no se mostró muy convencida en un principio:

—Lo siento pero no posee los requisitos deseados.

—Pero estoy estudiando.

—Dentro de dos años se sacará su título y se irá a otra parte.

—¿Y si prometo quedarme?

—No sé…

—Se lo suplico, necesito el trabajo como sea.

—Bueno…, de acuerdo.

Se trataba de un trabajo a tiempo parcial. Al cabo de seis meses me cogí varios días de vacaciones en Navidad. A mi vuelta me enteré de que habían echado a mi jefe; por lo visto se negaba a utilizar ordenador. Cuando pregunté quién iba a sustituirle me contestaron:

—Usted. Enhorabuena, acaba de ser ascendida a directora de oficina.

¡Trabajadora a tiempo completo, estudiante a tiempo completo y madre a tiempo completo! Hacer malabarismos con las tres cosas no era nada fácil. Por la mañana llevaba a Stefan al colegio y luego me iba para la oficina. A veces le pedía a algún compañero que me pasase los apuntes de clase. El resto del día cuidaba de Stefan y me quedaba haciendo deberes hasta bien entrada la noche, a golpe de litros de café. Por suerte, con el tiempo cada vez tuve menos clases en la facultad y la vida se volvió más agradable. Al ver doblado mi sueldo pude comprar la casa que llevaba alquilando varios meses. Junto a un río, era algo más pequeña que el dúplex, aunque con dos habitaciones nos bastaba y nos sobraba. Y además teníamos jardín, en el que construí un jacuzzi yo solita, como una campeona. Por supuesto teníamos un perro, tal y como le había prometido a mi hijo. Tuvimos varios, de hecho; el primero se escapó por debajo de la cancela; la segunda, una golden retriever llamada *Iana*, murió de cáncer. Y por último tuvimos a *Borana*, un shar-peï afable y tranquilo al que llevábamos a la playa que había a un cuarto de hora en coche de casa, o de acampada los fines de semana. En ese aspecto Australia es un país extraordinario: ¡hay tantos paisajes diferentes por descubrir! Cuando aprobé el carné de conducir pudimos recorrer grandes distancias en vacaciones, de Shark Bay, en el norte, a Albany, al sur del país. Solíamos pernoctar en las reservas,

65

donde Stefan podía ver de cerca canguros, koalas e incluso demonios de Tasmania.

Mi madre, que ya estaba jubilada por entonces, vino a visitarnos con un visado turístico de tres meses. Llevaba sin verla casi tres años. En el aeropuerto no me reconoció hasta que no me planté delante de ella. Se quedó unos segundos paralizada, soltó la maleta en el suelo y chilló:

—Pero ¿tú estás bien de la cabeza? ¿Qué te has hecho en el pelo?

—Hola, mamá, ¿qué tal el viaje?

—¡Me vas a hacer el favor de teñirte de rubia, como estabas antes, en cuanto lleguemos a casa! Por Dios, es un auténtico horror.

No dije nada, esperaba esa reacción. Unos días más tarde me corté el pelo y me lo teñí de castaño. Acababa de romper con Philippe, un inglés con el que había estado saliendo dos años. Me entraron ganas de cambiar de pelo, como a muchas mujeres tras una ruptura. A Stefan le resultaba muy gracioso. Pobre mamá… Estaba tan contenta de verla. Hicimos turismo, charlamos durante horas y Stefan volvió a conocer a su abuela: en definitiva, recuperamos el tiempo perdido. Cuando los tres meses llegaron a su fin solicitó una ampliación del visado, ¡cuidándose mucho de sobornar al burócrata de turno con un dulce tradicional rumano! El funcionario debía de ser un goloso, porque mi madre consiguió quedarse tres meses más. Cuando se fue me quedé un poco triste, pero ya había hecho mi vida en Australia. Tenía un trabajo que me gustaba, un coche, Stefan tenía amigos. Incluso encontré una iglesia ortodoxa. Además, había hecho amigos de todas las nacionalidades, sobre todo australianos de origen inglés que comprendían bastante bien algunos aspectos de mi cultura. En Navidad, por ejemplo, me desesperaba. Allí en diciembre ¡es verano! Cualquiera se pone a asar un pavo durante cuatro horas cuando fuera se está a cuarenta grados… Mis amigos ingleses y yo decidimos celebrar la Navidad dos veces: una en familia, el 25 de diciembre, y otra todos juntos en julio, en pleno invierno australiano. Si bien no nevaba, al menos la temperatura exterior justificaba que encendiésemos la chimenea. Poníamos los adornos tradicionales, asábamos un pavo y abríamos los regalos como en una auténtica cena de Nochebuena. Para los niños, que recibían dos tandas de regalos al año, ¡era estupendo!

En definitiva, acabé encontrando mi equilibrio. Si alguien me hubiese dicho por aquel entonces que regresaría a Rumanía, me habría echado a reír en su cara.

Niños de la calle

*P*ara validar el título de psicología tenía que entregar un trabajo de investigación sobre un tema de mi elección. Me puse a hincar codos en busca de una temática y di con distintos artículos que me abrieron los ojos al problema de los niños de la calle. En Rumanía, bajo el régimen de Ceaucescu, nunca existieron. ¿Cómo podría haberme imaginado yo que en un país rico y moderno como Australia la gente pudiera morir de hambre y dormir en las aceras? Preguntando a mis amigos me enteré de que no eran pocos los que erraban por las inmediaciones de la estación de tren de Perth. Hasta la fecha nunca había reparado en ellos. Una tarde fui a dar una vuelta por allí y me fijé por primera vez. Aunque había algún que otro adulto, la mayoría eran jóvenes, muchos eran niños. Vi a uno que no debía de tener más de tres años. Los más desamparados eran los aborígenes. Todos vagabundeaban, enclenques y ociosos. Se me encogió el corazón. Me acerqué a un grupo de adolescentes, que me miraron con curiosidad.

—Buenas tardes.

—Buenas —respondió una de las chicas.

—Me llamo Iana. Mira, me estaba preguntando si… ¿Queréis unos bocatas?

—…

—Me refiero a que… ¿Tenéis hambre? ¿Si os traigo algo de comer os lo tomaríais a mal o aceptaríais lo que os dé?

—¡Lo aceptaríamos, claro que sí!

—Muy bien, entonces volveré el sábado por la tarde con unos bocatas.

—¡Chachi!

Me alegró mucho aquella reacción, me fui entusiasmada. No había reflexionado mucho sobre lo que estaba haciendo, pero para mí era de cajón: esos jóvenes tenían hambre y había que alimentarles. Al día siguiente me dije que en realidad un bocata no tenía mucho sustento. ¿Y si les preparaba algo caliente? ¡Unos espaguetis con tomate! Eran fáciles de preparar y baratos… No tenía ni la menor idea de a cuántas personas tendría que darles una ración, pero decidí pensar a lo grande: eché sin contarlos paquetes y paquetes de pasta en el carrito. El sábado preparé los espaguetis y llené todas las fiambreras que pillé. Una amiga me ayudó a cargarlos en el maletero del coche: le había contado mi idea y se había empeñado en acompañarme.

—No me hace mucha gracia que vayas sola —me había dicho—. Con esa gente nunca se sabe.

Por mi parte, yo no sentía ninguna intranquilidad. No veía qué podía pasarme. Además llevaba a Stefan conmigo. Durante el trayecto me asaltaron las dudas: ¿y si esos jóvenes se habían burlado de mí? ¿Y si no había nadie en la estación? ¿Tal vez había cocinado kilos de pasta para nada? Al llegar al aparcamiento de la estación había gente haciendo cola, no sabía para qué. Aparqué un poco más allá. En cuanto salí del coche vi a la niña con la que había hablado; al verme me señaló con un dedo:

—¡Eh, mirad, es ella!

En cuestión de segundos la cola se dispersó y se recolocó, justo delante de mi vehículo. Me di cuenta de que toda esa gente me estaba esperando. Debían de ser unos quince; no cabía duda de que la chica había hecho correr la voz. Me sentí muy emocionada e impresionada. Al punto empecé a distribuir la pasta todavía caliente. Mis espaguetis cosecharon un gran éxito. Todo el mundo me dio las gracias y prometí volver a la semana siguiente.

Mantuve mi palabra. El sábado siguiente, y el resto. Cada

vez había más niños. También había algunos adultos, personas solas o acompañadas de su progenie. Para la mayoría suponía la única comida caliente de la semana. Aquella gente no tenía nada. El dinero que les daban de la ayuda social se lo gastaban en pegamento, que esnifaban para engañar el hambre y olvidar sus vidas miserables. A fuerza de codearse con ellos, Stefan se hizo amigo de un hombre de unos cincuenta años. Todos los sábados mi hijo le llevaba en persona la comida. Stefan era perfectamente consciente de la situación: sabía que él tenía la suerte de poder comer hasta saciarse, de tener un techo e ir a un colegio. Aquellos niños de las calles, en cambio, llevaban mucho tiempo sin ir a una escuela. Sus padres, si es que los tenían, no contaban con medios para comprarles bolígrafos y ropa apropiada.

Unos amigos vinieron a echarme un cable. Nos organizamos muy bien: ya no nos limitábamos a hacer espaguetis, empezamos a cocinar todo tipo de comidas. Los vendedores del mercado y de los puestecillos de alrededor nos daban bollitos y verduras. Un día la iglesia nos dio una partida de mantas y ropa. Gracias al boca a boca nos contactó un empresario que nos propuso prestarnos una furgoneta todos los sábados para garantizar la distribución. En total nuestro equipo contaba con una docena de participantes regulares. Era como una pequeña empresa...

En unos meses lo que había comenzado como una experiencia de voluntariado en el marco de mis estudios se convirtió en algo más que un proyecto universitario. Ya me había licenciado, pero había hecho una promesa a mi patrón: no dimitiría una vez que consiguiera mi título. Mantuve mi palabra, pero ya no me contentaba con mi trabajo. Ayudar a los demás en mi tiempo libre era una compensación estupenda, una manera de aplicar de otro modo las enseñanzas que había recibido en psicología.

Cubríamos pues la distribución de comida por la estación, así como por dos parques que nos indicaron nuestros pequeños protegidos. Así y todo, el objetivo era abrir un centro de acogida en el que los jóvenes sin techo pudiesen pasar unos días cada cierto tiempo. Pero como solo siendo una asociación se podía aspirar a subvenciones gubernamentales, en 1994 fundé Reaching Out,[11] una organización para sacar a los niños de las calles. Para cuando me fui de Australia mis amigos buscaban un local donde abrir el centro. Por lo que sé, sigue en activo…

Había vuelto a Rumanía en una ocasión, en 1994, para cuidar de mi madre enferma. Encontré mi país muy cambiado, no se parecía mucho a lo que recordaba. En Australia soñaba tanto con volver a ver la luz, las flores y los árboles de mi país… Ya en el aeropuerto, llevada por un arrebato de nostalgia, les pedí a los amigos que habían ido a recogerme que dieran un rodeo por el centro de Bucarest, donde había vivido tantas cosas trepidantes. Al no reconocer aquellas calles sin alma, sembradas de bloques grisáceos, cambié de buenas a primeras de parecer y les supliqué que cogiesen la autovía en cuanto pudiesen. No quería ver la parte fea de Rumanía, lo que quería por encima de todo era volver a Australia con la cabeza llena de imágenes bonitas: la nieve sobre los Cárpatos, las lilas que tanto me gustaban… Cuando regresé a Rumanía cuatro años después Stefan venía conmigo. Tenía casi diez, quería que conociese su país de nacimiento, del que se había ido con apenas dos años. Aprovechamos para hacer el *tour* de Europa en coche: Alemania, Francia, España, Mónaco, Italia… Fue un periplo fabuloso; aunque al final Stefan estaba ya un poco harto:

—¿Cuándo vamos a ver a la *mamie*?

Dejamos atrás Italia y nos dirigimos a Rumanía. Una vez en Pitesti se reencontró con los hijos de los amigos que habían ido a visitarme. Uno de ellos, Radu, le preguntó:

—¿Te vienes a la calle a jugar?

—Hum…

Stefan no respondió y me miró, a la espera de mi aprobación.

—Venga, ¿a qué esperas?

—¡A ti!

—¿Para qué? Yo me quedo aquí, vete tú a divertirte, anda.

11. Tender la mano.

—¿No nos acompañas para vigilarnos?

—¿Para qué? Aquí no pasa nada. ¡Anda, enfila!

Stefan no podía creérselo. En Australia ningún niño salía a la calle a jugar sin la vigilancia de un adulto. Aquí, en cambio, los niños eran libres de corretear por donde quisieran: eso fue sin duda lo que más le impresionó a Stefan de Rumanía... También hicimos un breve recorrido por la zona de Brasov y Sinaia, dos ciudades magníficas de los Cárpatos donde vivían unos amigos míos. Todavía parecía invierno; seguía habiendo nieve en las montañas que rodeaban Sinaia: Stefan nunca la había visto, ¡se emocionó muchísimo! Aproveché con mis amigos para tomarle el pulso a la situación de Rumanía. Me interesaba en particular la cuestión de los niños de la calle. Hasta donde yo sabía, Rumanía no tenía ese problema. Me equivocaba.

—¿Niños de la calle? ¡Salen de debajo de las piedras, Iana! Son una plaga, unos golfos que arrasan con todo lo que encuentran. Es imposible librarse de ellos.

Aquella respuesta me dejó perpleja. Toda la gente con la que sacaba el tema me hablaba de ellos con la misma virulencia. Era un problema reciente, sin duda necesitaban un poco de tiempo para pensar en soluciones. Porque por fuerza tenía que haberlas: si las instituciones públicas trabajaban mano a mano acabarían consiguiendo algo...

Tras pasar seis semanas en Europa cogimos el avión de regreso. Estaba contenta de volver a Australia: echaba de menos mi casa, mi trabajo, mis amigos... Aquel sitio era mi hogar. Con todo, el problema de los niños de las calles de Rumanía seguía rondándome la cabeza. Cada vez que daba una manta, cada vez que servía una comida a los niños de Perth, no podía evitar pensar que mi lugar no estaba allí. Al menos aquellos niños recibían una ayuda social. En Rumanía estaban completamente dejados a su suerte, nadie se ocupaba de ellos. ¿Seguía siendo útil en Perth? No del todo: nuestra asociación contaba con numerosos voluntarios, todo funcionaba sobre ruedas y mi presencia, debía admitirlo, ya no era indispensable. Conforme pasaban los días lo iba viendo cada vez más claro: tenía que volver a Rumanía a hacer lo mismo que había hecho en Perth. Empecé a hacer prospecciones por aquí y por allá, a averiguar qué tipo de estructuras existían ya en Bucarest. Di con un profesor australiano que había participado varias veces como voluntario en acciones de City of Hope,[12] una ONG dedicada a los sin techo de Rumanía. Cuando le hice partícipe de mi interés, al profe se le dibujó una gran sonrisa:

—¡Todo voluntario es bienvenido! ¡Puede ir cuando quiera!

Planifiqué mi vuelta para el mes de octubre de 1998. En mi fuero interno no era algo definitivo. Stefan fue muy claro al respecto:

—Vale, nos vamos, pero no más de un año.

Nos fuimos de Australia dejando todo colgado, o casi. Determinada a volver, alquilé mi casa, lo que, dada la diferencia del nivel de vida entre ambos países, me permitiría vivir casi decentemente en Rumanía, donde no iba a tener ningún sueldo. Al llegar a Bucarest alquilé un pisito en el centro. Como Stefan no hablaba rumano no pude apuntarle al colegio. Se quedó un año conmigo en casa; un amigo le enviaba los apuntes y las tareas desde Australia. También asistió a clases de rumano para recuperar nivel; al fin y al cabo tampoco era tan grave perder un año de colegio.

City of Hope había abierto un centro de acogida en Bucarest, donde los sin techo de la ciudad, en su mayoría menores de veinte años, podían tomar una comida caliente al día. Mi trabajo consistía en establecer contacto con ellos para animarles a regresar. Aparte de eso hacía batidas por los barrios de los alrededores en busca de los que no venían a nosotros. Algunos estaban enfermos y había que llevarles al médico; los mayores solían tener alguna minusvalía o una salud tan precaria que no podían trabajar. Les llevábamos comida e intentábamos charlar con ellos. Me di cuenta de que aquellos chavales que vivían en la calle no tenían nada que ver con los que había frecuentado en Perth. En Australia los niños sin techo vagaban por la vida

73

12. Ciudad de la Esperanza.

con sus padres; los aborígenes, por ejemplo, permanecían en familia. En Bucarest la mayoría habían sido abandonados, nadie los cuidaba. Algunos habían perdido a sus padres mientras que otros habían escapado de los orfanatos: todos estaban completamente desamparados.

Cuando fui a pasar unos días a casa por Navidad, mi madre se enfureció:

—¡Todo para la capital! Todas las ONG se han establecido en Bucarest. Si quieres ayudar a sin techo y enfermos, ¿por qué no te vienes aquí, a Pitesti? Aquí hay trabajo de sobra: ¡las calles están llenas de chiquillos abandonados!

Mi madre tenía razón. Puesta a ocuparme de los desamparados, mejor hacerlo en lugares desprovistos de toda infraestructura. Solicité una entrevista con el alcalde de Pitesti, para presentarme y ver con él de qué forma podía intervenir. Su franqueza desenfadada me gustó mucho:

—¿Necesita dinero?

—No, soy voluntaria.

—Mejor, porque dinero no tenemos. Hay más ONG que niños en las calles, aunque ninguna ha conseguido arreglar el problema. Pero, vamos, si usted tiene una idea, ¡no se corte! Si quiere, podemos hasta dejarle un despacho en el Ayuntamiento.

Otra mudanza, apenas tres meses después de mi llegada a Bucarest. En un principio me quedé en casa de mi madre, hasta que encontré un piso en alquiler en el mismo edificio que ella. Desde mi ubicación en las oficinas del Ayuntamiento contacté con los orfanatos de los alrededores para ofrecer mis servicios, que fueron aceptados con entusiasmo. Mi idea era intervenir de forma preventiva con los huérfanos, para disuadirles de escapar. Quería que comprendiesen que fuera era peor todavía, que después no había forma de salir de las calles. El orfanato era duro, pero al menos tenían la posibilidad de ir al colegio y de aprender un oficio. Para constituir mi red recluté a voluntarios por la universidad: profesores y estudiantes del departamento de psicología y trabajo social que aceptaron dedicar un poco de su tiempo a los huérfanos para jugar con los niños y darles paseos. Algunos se los llevaban a casa los fines de semana. En los orfanatos los medios eran limitados, los chavales no tenían de nada. Una ONG, Nagala, recolectaba para ellos ropa, champú y otros productos de primera necesidad. Se unieron más voluntarios al proyecto, sobre todo señoras mayores del vecindario. A la vuelta del mercado se paraban en el orfanato y les llevaban a los niños bollitos o paquetes de galletas.

También actuaba fuera del centro: eran muchos los niños que vivían en la calle. Los que no se habían escapado del orfanato estaban demasiado acostumbrados a ella como para dejar que les encerrasen. A estos costaba abordarles, y lo primero era encontrarles, porque sabían esconderse muy bien, en naves abandonadas o en los subterráneos de la ciudad, junto a las canalizaciones de agua caliente que hacían más soportables las temperaturas. Los agentes se escondían a veces en las salidas de los conductos de evacuación y conseguían atrapar a unos cuantos cuando salían a la superficie, aunque nunca bajaban hasta allí. Me aventuré un par de veces por esos canales húmedos y nauseabundos, así que, la verdad, entendía a los policías. Aquellos chavales eran duros, habían aprendido a sobrevivir contra viento y marea. Abusos, maltratos, abandono…, sus historias se parecían entre sí, terribles todas y cada una de ellas. Por entonces no podía ni imaginar que podía ser aún peor.

75

Vendidas

—¿*I*ana Matei? Le llamo de la comisaría de policía.

—Buenos días, ¿qué puedo hacer por usted?

—Tenemos aquí a tres golfillas que acaban de denunciar a su chulo. Deben pasar un examen médico en el hospital, pero no las podemos mandar así, con la pinta que llevan: ¡están medio desnudas! ¿Podría usted traernos algunas ropas para taparlas y también algo para comer?

Era marzo de 1999. Hacía tres meses que había puesto en marcha mi programa y la policía, cuyos servicios solíamos solicitar en casos relacionados con niños de la calle, ya me conocía de sobra. De vez en cuando llevaban a jóvenes al cuartelillo y me llamaban para comprobar si se habían escapado de algún orfanato. Sin embargo en aquella ocasión era distinto. Me habían hablado de prostitutas, de modo que supuse que serían mayores que los jóvenes con los que solía codearme. Al llegar a la comisaría me llevaron hasta una sala donde tres chiquillas asustadas estaban postradas en sus sillas. Tenían las caras embadurnadas de maquillaje atravesadas por lágrimas y rímel. ¡Vaya impresión! ¡Me habían hablado de jóvenes y me encontraba con niñas! El agente nos dejó a solas.

—Buenos días, me llamo Iana. Me han dicho que tenéis hambre. ¿Queréis algo de comer? He traído también unas sudaderas, a ver si tengo alguna talla que os venga bien. ¡No estáis muy gordas que digamos!

Al ver que no me parecía en nada a un policía las chicas se

relajaron. Aproveché para preguntarles la edad. La más pequeña, una morena de melena larga, respondió la primera:

—Yo tengo quince años.

—¿Y tú?

—Catorce.

—¿Y tú?

—Dieciséis.

—¿Qué hacéis en la comisaría?

—Hemos venido a denunciar a los que nos han obligado a
prostituirnos.

—¿Que os han obligado?

—Claro… Es que nos han vendido.

—¿Cómo es eso de que os han vendido?

—Pues eso, que nos han vendido.

—¿A quién?

—A una mujer.

—Pero ¿quién os ha vendido?

—Otra mujer.

Estaba estupefacta. Aquellas chiquillas me estaban contando
como si fuese lo más normal del mundo que habían sido vendidas. ¡Vendidas! ¡Como ganado! Aquello no tenía sentido.

—¿Queréis decir que alguien fijó un precio y una persona
pagó ese dinero para compraros?

—Exacto.

—¿Como esclavas?

—Sí.

Las tres chicas me miraban como si acabase de aterrizar del
planeta Marte. Me quedé conmocionada. ¿Por qué no me habían dicho nada los policías? ¡Serían cabezas huecas! Sabía
que algunas prostitutas eran jóvenes, ¡pero no menores! En
Australia la prostitución era legal y estaba muy regulada. El
Gobierno llevaba un control sistemático de las casas de citas:
hasta donde yo sabía allí nunca habían trabajado menores.[13]

13. Hoy en día prácticamente ningún país escapa al tráfico sexual.
Australia es un país de destino para mujeres de Tailandia y Filipinas.

¡Y menos aún a la fuerza! Que además pudiesen haber sido vendidas era simple y llanamente inimaginable. Nunca había escuchado una historia igual. ¿Cómo podían pasar cosas así? No pude evitar preguntar:

—¿Y en cuánto fijaron vuestro valor?

—En dos millones de leis.

¡No llegaba ni a cien euros! Una vez más fue la morena bajita quien habló. Pude ver en su cara que nunca nadie le había planteado esa pregunta. Se llamaba Mariana. Entre sollozos logró contarme el resto de la historia:

—Estaba buscando trabajo. Una amiga me acompañó a casa de una mujer que necesitaba a alguien que le ayudase con las tareas domésticas y le cuidase a los niños. La señora era muy amable; me propuso que me alojase allí porque era más práctico, de modo que me quedé a pasar la noche. A la mañana siguiente vino un hombre a por mí y me dijo que teníamos que arreglar unos detalles. Lo seguí hasta un restaurante a la salida de Campulung. Creo que nos recibió la encargada, y había otro hombre con ella que me miró de arriba abajo antes de decretar que valía dos millones. La encargada del restaurante le dio el dinero al tipo que me acompañaba y luego me mandó que la siguiese al primer piso. Una vez allí me dijo que tenía que quedarme en el cuarto, que vendrían hombres y que tenía que acostarme con ellos. Si no lo hacía me pegaría.

—¿Y dónde está ese restaurante?

—En un gran aparcamiento lleno de camiones, cerca del monumento Mateias.

Sabía muy bien a qué aparcamiento se refería. Estaba al lado de una zona muy frecuentada por los turistas: los rumanos ganaron allí una célebre batalla contra los alemanes durante la Primera Guerra Mundial y el Gobierno había construido un monumento conmemorativo que albergaba todos los huesos hallados en el viejo campo de batalla. El aparcamiento en cuestión servía de parada de camioneros, sin duda una clientela selecta para la *madame*.

—¿No salías nunca del cuarto?

—El cuarto era solamente para el sexo. Dormíamos con el

resto de chicas en la parte trasera del restaurante, en la habitación donde almacenaban las botellas.

—¿Estabais las tres juntas?

—Sí, Ilinca y Ecaterina también trabajaban en el restaurante.

La rubia alta de ojos azules y la otra, una chiquilla muy delgada, corroboraron con la cabeza.

—¿Y cómo os ha encontrado la policía?

Mariana prosiguió sin cambiar el tono:

—Me escapé. Fui yo la que vine a la policía, pero como no me creyeron me llevaron de vuelta al restaurante. La mujer les dio las gracias a los policías por haberme devuelto, les regaló una botella de vino y todo.

—¿Y luego?

—No sé qué es lo que pasó, pero al cabo de unos días aparecieron un montón de policías. Esposaron al hombre que nos vigilaba y nos trajeron aquí.

Más tarde supe que se había producido una filtración en la comisaría de policía de Campulung y el caso había llegado a la jurisdicción de la policía del condado, donde tomaron en serio el testimonio de Mariana y organizaron una gran redada. De momento, sin embargo, no era eso lo que me importaba. En realidad estaba que me llevaban los demonios porque nadie me había avisado. Abrí la puerta y llamé al agente que me había llevado hasta aquella sala. Arremetí contra él:

—Usted lo sabía, ¿no es así?

—¿Si sabía qué?

—¡Sabía que habían vendido a estas chiquillas!

—Pues sí, bueno…, lo pone en el informe.

—¡Son menores y las han obligado a prostituirse!

—Hum…

—Pero ¿es usted tonto o qué?

—Vale, Iana, cálmese. Tenemos que contrastar la historia.

—¿Contrastar? ¡Pues parece muy real, la verdad! Las han explotado, ¿y eso es todo lo que piensan hacer?

—Pero bueno, ¿y qué quiere usted que hagamos?

—¡Su trabajo!

No tardé en comprender el fondo del problema: no era una cuestión de indiferencia, no, se trataba de incredulidad. El agente no había creído ni por un instante que aquellas chicas hubiesen sido vendidas. Por la forma en que las miraba saltaba a la vista que no las veía como menores. Mariana, con su minifalda, su top ultraceñido y su sombra de ojos estridente, parecía una mujer. Era, por lo tanto, lo suficientemente mayor para saber lo que se hacía, y si se prostituía era porque quería: a él aquello no le iba ni le venía... Aquel policía se negaba a ver más allá de sus narices, era absurdo. Encima, las chicas me contaron que antes de mi llegada las habían fotografiado. Pese a sus protestas no les habían dejado más opción. Unos agentes les pidieron que posaran con las piernas cruzadas y un cigarro en la mano. «Es para la prensa», les dijeron. Avergonzadas, no tuvieron más remedio que obedecer. Sentía náuseas...

—¿Y qué van a hacer ahora con ellas?

—Seguir el procedimiento. Las dejaremos marchar cuando pasen el examen médico.

A las niñas les cambió la cara.

—Iana, se lo suplico, no deje que nos lleven allí otra vez.

—Ni hablar.

—Si nos sueltan será eso lo que pasará. ¡Y Jurka nos encontrará y nos matará!

—¿Jurka?

—¡Sí, nuestro chulo!

Era imposible quedarse de brazos cruzados... Al verme en un callejón sin salida decidí llamar a los servicios de protección de menores.

—Buenas tardes, soy Iana Matei. Estoy en la comisaría con tres prostitutas menores. ¿Podrían ustedes encargarse de ellas?

—¿Cuál es el problema?

—Están amenazadas por su chulo. Si vuelven a la calle las encontrará.

—Hum... Bien, no se mueva de ahí, vamos a mandar a alguien.

Llegó un señor que se presentó como sociólogo. Al ver a las chicas pareció molesto:

—Lo siento pero no puedo llevarme a estas chicas al orfanato. ¿Ha visto la pinta que llevan? Darían mal ejemplo al resto.

Aquel comentario grosero, hecho con toda tranquilidad delante de aquellas pobres chiquillas, me hizo saltar:

—Ahora va a usted a escucharme a mí, so bruto. A partir de ahora me niego a discutir con usted. Si algún día volvemos a vernos hablaremos de fútbol, o del tiempo si le viene en gana, ¡pero no me vuelva a decir en la vida que usted es sociólogo y trabaja en protección de menores!

¿Cómo se podía ser tan tonto? Tenía ganas de estrangularle. Los policías se regodearon ante la escena, en la que no se atrevieron a intervenir. El supuesto sociólogo no sabía dónde meterse. Me planté ante él, rabiosa, y le desafié con la mirada.

—¡Si usted no las quiere me las quedo yo!

Recobrando la compostura en un visto y no visto, el sociólogo me respondió con un tono de lo más profesional:

—Son menores, de modo que si usted quiere hacerse cargo de ellas tiene que estar facultada para ello.

Acababa de comprometerme delante de aquellas adolescentes; con una sola frase su lucha se había convertido en la mía. Sabía que me estaba embarcando en una larga aventura. Solo faltaba darle carácter legal. Aquella noche Mariana, Ilinca y Ecaterina fueron al hospital con los policías. Hasta que se sometiesen a todas las pruebas necesarias, contaba con unos días para obtener la aprobación del ministerio del que dependían los servicios de asistencia social, encontrar un alojamiento provisional dispuesto a acogerlas y registrar ante un tribunal la creación de mi nueva ONG: Reaching Out. El nombre, el mismo que el de mi asociación australiana, se impuso de forma natural. Al fin y al cabo se trataba de lo mismo: tender la mano a los niños de las calles, así como a las prostitutas vendidas contra su voluntad, para sacarlos de esa situación.

En cuanto salieron del hospital las conduje a un hogar para jóvenes delincuentes, donde el asesor legal de los servicios de protección de menores me había conseguido tres camas mientras preparaba mi contraataque. Mariana, Ilinca y Ecaterina estaban bajo mi tutela y tendría que pasar con ellas la noche; por la mañana el equipo del centro se haría cargo de ellas. Llegué a las tres de la tarde, con mi cepillo de dientes y mi pijama, para tomar el relevo hasta el día siguiente. Llevé algunas cosas para hacerles de comer y algo de provisiones para el desayuno. Aquellas noches dormí en el sofá del despacho del equipo del personal al mando, donde me dejaban utilizar el baño, que por suerte disponía de ducha. En el transcurso de los días siguientes llamé a todas partes para ver si encontraba una asociación que pudiese encargarse de las niñas: ¡ese tipo de estructura tenía que existir forzosamente! Siguiendo los consejos de Pam, una amiga estadounidense, contacté con la USAID,[14] la Agencia Estadounidense de Cooperación Internacional, que recibía un buen número de demandas de financiación de proyectos del mundo y debía de tener una visión de conjunto de todas las organizaciones existentes en Rumanía. Al otro lado del hilo telefónico la señora me pareció bastante confiada:

—¿Menores obligadas a prostituirse? Voy a informarme. Voy a ver quién se ocupa de este tema en Rumanía y la vuelvo a llamar.

Una semana más tarde sobrevino la respuesta, como un jarro de agua fría:

—Lo siento pero nadie se ocupa de esta clase de problema. He hecho un par de llamadas y la gente ni siquiera sabe de qué le hablo. Todo el mundo ha reaccionado igual, todos me han preguntado: «¿Qué es lo que entiende usted exactamente por "obligadas a prostituirse"?». Según ellos una mujer que se acuesta con un hombre a cambio de dinero lo hace porque quiere…

—¡Eso no es así! ¡Tengo conmigo a tres niñas a las que les habría gustado que alguien les hubiese pedido su opinión!

Me embargaba la cólera. Por la época a todos les preocupaba la esclavitud infantil, así que, ¿por qué no podían concebir que eso mismo se aplicase al sexo? La señora de la USAID no sabía qué decirme.

14. United States Agency for International Development.

—Me gustaría tanto poder ayudarla, Iana...

Era adorable, pero impotente. Como último recurso desesperado volví a llamar a mi amiga Pam, que trabajaba con los niños de los orfanatos en el marco de una asociación cristiana; estaba convencida de que ella sabría qué hacer:

—¿Pam? Soy Iana. Tengo que pedirte un favor. Es muy importante, así que preferiría que nos viésemos en persona para contártelo. ¿Te puedes pasar por el hogar, por favor?

Vino una tarde en que estaba sola con las niñas.

—Pam, te presento a Mariana, Ilinca y Ecaterina. Chicas, ¿podéis contarle a mi amiga lo que os ha pasado? Yo iré traduciendo.

Conforme iba repitiendo en inglés lo que las chicas contaban, mi amiga se aovillaba en su asiento, aterrada. Al final lloraba.

—¿Comprendes ahora por qué necesito ayuda? Tengo que encontrarles un alojamiento decente. Solo tú puedes ayudarme.

Conmocionada, mi amiga me dio 300 dólares para que me costease tres meses de alquiler de un piso de cuatro habitaciones. Nos mudamos en septiembre de 1999. Esta vez estaba sola: no tenía los medios para contratar a un trabajador social. Apenas nos quedaba para comprar comida. Me dediqué entonces a hablarles de mi proyecto a todos mis conocidos, les pedí que corriesen la voz para ver si alguien podía aportar su granito de arena. Todos se movilizaron a mi alrededor. Había quienes preparaban tartas de vez en cuando, otros nos traían verduras, conservas o un paquete de arroz para un apaño. Era evidente que la situación no era viable a largo plazo: necesitaba un patrocinador a toda costa. Lo cual suponía gran cantidad de papeleo... Puse mi proyecto por escrito y me lancé sobre el listín mundial de mecenas sociales: ¡un auténtico estudio de mercado! Había que encontrar asociaciones que financiasen proyectos emparentados con el mío, ver en qué países intervenían, dar con la persona a la que enviar la solicitud, redactar mi candidatura, en función de cada programa propuesto, y... tener paciencia para esperar la respuesta.

En el piso la vida se organizaba tranquilamente. Poco a poco las chicas se dejaron llevar, recobraron la seguridad en sí mismas y me fueron confiando, por retazos, el calvario que habían sufrido. Las tres provenían de ambientes difíciles. El padre de Ilinca, por ejemplo, cumplía una pena de cárcel por el asesinato de la madre. Su abuela, con la que se había quedado, la creía culpable del drama. La enclenque Ecaterina, por su parte, era una niña maltratada. Su padre le pegaba con una herradura metida en un guante. Cuando conocí a aquel hombre, con el cual contacté para darle noticias de su hija, quise comprobar la veracidad de aquellas terribles acusaciones:

—¿Es cierto que le pegaba usted con una herradura?

—Sí, se portaba fatal, la verdad.

—Pero ¿por qué una herradura?

—No quería hacerme daño en la mano.

¿Quién había defendido a la pequeña? ¿Los vecinos? ¡Sí, claro…! En ambientes así uno no se mete en los asuntos del prójimo. Ecaterina solo tuvo que frecuentar malas compañías para pasar de un verdugo a otro. Acostumbrada como estaba a obedecer para sobrevivir, fuese a su padre o a su chulo, demostraba una impresionante capacidad de adaptación, ¡era un auténtico camaleón! Tenía el don de decirte justo lo que querías oír, moldeando su conducta en función de lo que creía que se esperaba de ella. En el fondo costaba saber lo que pensaba de verdad.

Aquellas chicas privadas de infancia se habían enfrentado tan pronto a problemas adultos… Mariana, la tímida Mariana, daría a luz de un momento a otro. Estaba de dos meses cuando la recogí bajo mi ala: el regalito de un camionero, sin duda. Cuando nació el bebé le enseñé los cuidados elementales que debía prodigar al pequeño, cuestiones básicas que nadie había tenido tiempo de explicarle. Aquellas adolescentes endurecidas por la vida, tan adultas en ciertos aspectos, eran todavía tan inmaduras… Había que enseñárselo todo: no sabían ni cocinar ni llevar una casa, no respetaban ningún horario y llevaban mal la autoridad. Aunque yo no era su madre, intentaba tratarlas como si fuesen mis hijas, con todo el amor que nunca les habían dado, pero también con mucha firmeza, para enseñarles a vivir en sociedad. Nunca nadie les había dado ninguna oportunidad: eran simplemente muchachas desamparadas que tenían más necesidad de atención que el resto. Charlábamos mucho, y yo intentaba convencerlas de la necesidad de seguir ciertas reglas, de que esa enseñanza les ayudaría a crecer y a ser autónomas y les reportaría beneficios a largo plazo.

Una cuarta chica, Adela, de catorce años, se unió a nosotras unas semanas después de mudarnos al piso. Una quinta, Georgeta, una niña de apenas trece, llegó al poco tiempo. Inevitablemente la falta de privacidad, fruto de la convivencia bajo el mismo techo de cinco adolescentes y un bebé, originó algunos roces. Ente la cola del baño y los atascos de la cocina, se hacía necesario encontrar una forma de no pisotearse. Cuando anunciaba a voz en grito: «¡Esta noche tocan zanahorias salteadas!», todas se levantaban de un bote para seguirme a la cocina. ¡No podíamos seguir así! Por no hablar de que Mariana, Ilinca y Ecaterina se mostraban agresivas con las recién llegadas: aquel piso era su territorio, habían llegado primero y querían dejarlo bien claro. Cada dos por tres las sorprendía en camarilla, excluyendo a las otras dos de sus conversaciones. Convencidas de su derecho, me llevaron aparte las tres:

—No son buenas chicas, Iana. ¡Aquí no pintan nada!

—¿Y por qué vais a ser vosotras mejor que ellas?

—Esas chicas son malas, ¡se creen que están en su casa!

—Están tan en su casa como vosotras. Vais a tener que aprender a llevaros bien.

Decididamente se imponía un poco de orden y organización… Elaboramos pues una planificación por escrito para garantizar un reparto justo de tareas. Ordenar, preparar las comidas, limpiar: cada una realizaba estas faenas por turnos. Había que tener en cuenta las circunstancias de cada una: el bebé de Mariana, los horarios del colegio…

No todas estaban escolarizadas. Por mucho que les explicaba una y otra vez la importancia de recibir una educación, la mayoría se negaba a salir del piso. En realidad se mostraban reacias cada vez que tenían que aventurarse al exterior, incluso para dar un paseo, ir al mercado o hasta comprar ropa. No era pereza, era miedo.

85

—¿Y qué pasa si nos encontramos a Jurka por la calle?

—Os repito que Jurka está entre rejas.

—Sí, pero tiene hermanos, y cuñados, primos… ¿Qué nos harán si nos encuentran?

—Estáis bajo mi protección, no os puede pasar nada.

—¿Y si nos reconoce algún cliente?

—No frecuentan este barrio.

—¿Y si los niños del colegio se ríen de mí?

—Nadie se va a reír de vosotras más que de cualquier otra persona.

—¿Y si la gente nos señala con el dedo por la calle?

—¿Por qué iban a hacer algo así? Vosotras sois chicas como las demás, no tenéis escrita la palabra «prostituta» en la frente.

Saliva malgastada: siempre era la misma batalla. La idea de cruzarse con sus antiguos carceleros les infundía un pánico irracional e incontrolable. Eso hacía aún más difícil la convivencia: pese a su terrible pasado seguían siendo adolescentes con problemas de adolescentes. Reñían por cualquier tontería: un cepillo que desaparecía, una camiseta perdida, una tarea sin hacer… Entre los achaques de melancolía, los celos de unas y el mal carácter de otras, las disputas se multiplicaban.

No tenía ni un minuto para mí. Apenas me llegaba el tiempo para ver a mi propio hijo, al que mi madre cuidaba por las tardes después del colegio, donde por fin lo había apuntado en el último curso de primaria. Necesitaba ayuda, y urgentemente. Por esas fechas recibí una llamada de LIFT, una organización estadounidense a la que le había enviado una solicitud de financiación. Dos señoras encantadoras vinieron a visitar el piso. Querían saberlo todo. Tras escuchar atentamente mi breve resumen, me explicaron con mucha profesionalidad:

—Muy bien, ahora tenemos que hablar con la policía y con los servicios de protección de menores. Si vamos a ayudar a estas chicas, ¡se tiene que implicar todo el mundo!

¡Resultaba gracioso ver su dinamismo! Me pidieron que volviese a llamar al supuesto sociólogo que me había sacado de mis casillas en la comisaría. Durante una hora las dos delegadas de LIFT le repitieron su pequeño discurso:

—¡Estamos hablando de explotación sexual, ni más ni menos! Es un problema grave que hay que procurar solucionar por todos los medios. Esas niñas son víctimas, tienen derechos, como cualquier ser humano. Su trabajo consiste en hacer que las respeten, en particular siendo menores. Si usted no las cree, ¿quién las va a creer? Como representante de protección de menores debe ayudar a Iana en esta lucha. Esto afecta a todo el mundo.

Poco a poco el sociólogo se fue encogiendo en el sofá. Cuando las mujeres terminaron su *speech* se deshizo en excusas:

—Lo siento mucho, Iana, creo que cometí un error garrafal. No era consciente de la gravedad del problema.

Aún hoy le estoy agradecida por haber tenido el valor de desdecirse. Con el tiempo he sentido cada vez más aprecio por él y hoy en día colaboramos con bastante frecuencia. Lo cierto es que la intervención de LIFT supuso todo un espaldarazo para Reaching Out. En marzo la asociación estadounidense me concedió una suma de 14.000 dólares para cubrir mis gastos durante un año. Lo primero que hice fue contratar a un trabajador social para que me ayudase en el piso. Justo a tiempo, pues pronto empezaría a acoger a víctimas del tráfico sexual por decenas.

El granero yugoslavo

—¿ *S*eñora Matei? Buenos días, represento a la Organización Internacional para las Migraciones. Nos han dicho que ha abierto usted un albergue para víctimas del tráfico sexual. ¿Es eso correcto?

—Desde luego.

—Bien, entonces es usted la persona a la que buscábamos. ¿Podemos enviarle unas chicas? Han sido repatriadas a Rumanía y no quieren volver a sus casas.

—¡Por supuesto!

Los servicios de protección de menores ya me conocían de sobra; también la policía. Era la primera vez, en cambio, que la OIM contactaba conmigo directamente, aunque no tardarían en lloverme las llamadas de la organización. A veces las chicas llegaban de dos en dos o de tres en tres. En marzo del año 2000 albergaba a cinco chicas. En junio eran ya 13, de modo que tuvimos que alquilar un segundo piso en el mismo bloque. Eran chicas rumanas, pero habían sido compradas y revendidas en países de la antigua Yugoslavia: volvían desde Serbia, Moldavia o incluso Macedonia. Fue por esta época cuando salió a la luz el problema de la trata de mujeres en los Balcanes. Hasta el momento no habían sido más que rumores: chicas secuestradas, torturadas, encerradas en establos, violadas por civiles, soldados y demás combatientes, exterminadas de una bala en la cabeza, desmembradas incluso… Había que sumarlas a la lista de atrocidades inherente a todo conflicto sangriento; daños colaterales, a fin de cuentas, poco más. A pesar de que algunas prostitutas que lograban huir contaban que su proxeneta las amenazaba de muerte, y había incluso quienes habían presenciado asesinatos, sus testimonios se tomaban a la ligera. En el mejor de los casos las autoridades aceptaban que se trataban de casos aislados.

Unos años más tarde empezaron a investigarse a criminales de guerra de todos los pelajes y la policía comenzó a indagar en las zonas al margen de la ley que habían surgido a expensas del conflicto. Se intensificaron las redadas en los clubes nocturnos, donde se encontraron a cientos y cientos de chicas aterrorizadas, provenientes de todos los países del Este, que solo pedían una cosa: volver a sus casas. Llenaban autobuses enteros con ellas y las repatriaban a sus respectivos países de origen. En esa época fue cuando la OIM empezó a llamarme con asiduidad para ubicar a todas las rumanas que regresaban. Por fin se comprendía hasta qué punto se había desarrollado el tráfico sexual durante los cinco años que había durado el desmembramiento de Yugoslavia. Desde el principio los traficantes de armas y de mercancías robadas aprovecharon la inestabilidad política y la inseguridad creciente para proliferar. En poco tiempo las mujeres se convirtieron en una mercancía como otra cualquiera: ¡lo único que habían hecho los traficantes de armas había sido diversificar sus negocios! ¿Qué peligro había de que alguien metiese las narices en sus asuntos en aquel periodo sombrío donde ya nadie controlaba nada? En cuestión de una década los Balcanes se convirtieron, gracias a la guerra, en una cinta transportadora para el tráfico sexual, apuntalada sobre redes que ya estaban extremadamente organizadas y contaban con ramificaciones internacionales. De hecho, el sistema estaba bien rodado, tal y como me lo confirmaban las chicas que recogía:

—Me hablaron de un curro en Serbia. Me fié de un hombre que me ayudó a cruzar la frontera con otras tres chicas. En cuanto llegamos nos quitaron los papeles y nos encerraron con veinte jóvenes más en el sótano de una casa. Nos dejaron allí dos días enteros sin comer, hasta que vinieron a buscarnos

89

unos hombres armados que nos obligaron a subirnos a unos coches. Viajamos toda la noche. Al llegar nos llevaron a una nave enorme donde había decenas y decenas de chicas. No se nos permitía hablar. Si preguntábamos dónde estábamos, nos pegaban. De vez en cuando nos hacían subir de cinco en cinco o de seis en seis a un estrado, ante compradores que elegían y pujaban. Aquellos hombres hablaban un montón de idiomas. Volvimos a la carretera con el que nos compró y aterrizamos en un club nocturno de Bulgaria…

Aquellas chicas habían escapado de grandes peligros. Durante meses, cuando no años, habían tragado con todo —clientes, golpes, amenazas— para sobrevivir. Una de ellas me contaba entre lágrimas:

—El traficante se pasaba el día amenazándonos de muerte. Cuando bebía se ponía chulo: «Cuidadito con lo que hacéis. ¡Ya he enterrado a siete chicas como vosotras en el patio de atrás y no tendré ningún problema en enterrar a una octava!». Un día mató a una delante de nosotras: le pegó un tiro en la cabeza porque amenazaba con suicidarse y espantaba a los clientes. Tiempo después se cargó a otra porque estaba mala.

¿Cómo recuperarse después de ese tipo de experiencias? ¿Cómo volver a tener confianza en una misma cuando no te han tratado mejor que a un perro durante tanto tiempo? Por aquel entonces los países occidentales empezaban a dar las primeras muestras de preocupación por el tema. Meses más tarde unos investigadores del Departamento de Estado de Estados Unidos me invitaron a Washington para que contase mi experiencia. Querían que les diese una visión de conjunto sobre la trata de mujeres en Rumanía. En aquella época uno de los principales flujos de tráfico surcaba la región de los Balcanes y numerosos tratantes moldavos circulaban por nuestro país: compraban chicas a traficantes locales para luego llevarse su «rebaño» a Yugoslavia, que por entonces agrupaba a Eslovenia, Croacia, Bosnia-Herzegovina, Montenegro, Serbia, Macedonia y Kosovo, donde las jóvenes eran encerradas como rehenes en clubes o pisos particulares. Algunas incluso eran enviadas a Grecia. Cuento aquí todo esto porque demuestra que Estados

Unidos se tomó muy en serio aquella nueva forma de esclavitud. El 25 de febrero de 2002 se firmó un acuerdo de cooperación e intercambio de información entre la Interpol, el Gobierno de Rumanía y el Centro de Lucha contra el Crimen Transfronterizo del SECI.[15] El objetivo era facilitar la cooperación y el intercambio de datos entre los servicios policiales de trece países del sureste de Europa a través de sus respectivos agentes de enlace. De ahí que el FBI se implicara tanto cuando, al cabo de un tiempo, tres de mis chicas fueron llamadas a testificar contra un tratante macedonio.

Era la primera vez en la región que víctimas del tráfico sexual comparecían como testigos en un país que no era el suyo. Se las esperaba en Macedonia, donde tendría lugar el juicio. Nunca olvidaré aquel largo trayecto en coche a través de Rumanía, Bulgaria y Macedonia: jamás habría imaginado que se pudiese desplegar semejante dispositivo de seguridad para garantizar la protección de prostitutas..., ¡y encima prostitutas mayores de edad! Durante todo el viaje mi coche estuvo flanqueado por coches patrulla con las luces puestas y las sirenas aullando. Había hasta miembros del FBI. Un vehículo hacía las funciones de batidor sesenta kilómetros por delante de nosotras para comprobar que la vía estaba despejada. Nos precedía cuando pasábamos las fronteras, donde nos esperaba la policía búlgara. Cerrando la comitiva iban los furgones de las fuerzas especiales, llenos de forzudos con pasamontañas negros. ¡Huelga decir que aquello era de todo menos discreto! En realidad creo que todos querían apuntarse el tanto. Resultado: ¡hasta el último traficante sabría que aquel día había testigos claves atravesando el país! Durante el trayecto unos motoristas iban ordenando a todos los vehículos que estacionaran en el arcén. De pronto el coche patrulla que nos precedía se detuvo: la rueda delantera de un automovilista estaba invadiendo la calzada. Un hombre con pasa-

91

15. Southeast European Cooperative Initiative: Iniciativa de Cooperación para el sureste de Europa.

montañas se bajó de uno de los furgones y se acercó al pobre infractor apuntándole a la cara con una linterna. Y después le pegó con la porra en el parabrisas. ¡Se estaban pasando, la verdad! Si no hubiese tenido la cabeza como un bombo por las ocho horas seguidas de sirenas me habría echado a reír. Por contra, he de reconocer que las chicas, que estaban muy angustiadas por la idea de encontrarse cara a cara con su verdugo en un tribunal, se sentían seguras.

Una vez en Skopje el abogado preparó con ellas las preguntas que les iba a hacer. Planteó asimismo una cuestión que las chicas nunca habían contemplado:

—¿Sabéis que tenéis derecho a solicitar una indemnización económica?

—¿Cómo?

—Pues que tal vez el juez no os la conceda, pero podéis pedir una suma concreta en compensación por los daños sufridos.

Las chicas no daban crédito. Haber tenido el derecho de denunciar ya era un gran paso para ellas, pero el principio de indemnización iba mucho más allá: se reconocían sus traumas y se consideraba que merecían una compensación. Tras la sesión con el abogado una de ellas soltó con sorna:

—¡Yo me sé de unos que van a pasar un cuarto de hora muy malo en la cárcel! ¡Se van a enterar de qué se siente cuando uno no quiere!

Era la primera vez que las escuchaba bromear sobre el traficante. Los policías macedonios entraron también en el juego:

—Con los años que les van a caer de prisión, se la van a meter, y bien.

Aquella ordinariez provocó en las chicas un ataque de risa que duró diez minutos largos entre los groseros regodeos de unas y otros. No dije nada. Lo importante era que descargasen estrés. Se acercaba la hora de la audiencia. Las chicas recobraron la compostura. En la sala del tribunal mantuvieron baja la mirada: tenían mucho miedo de ver al traficante en el banquillo de los acusados. Cuando el fiscal les pidió que señalasen en la sala a aquel que las había vendido y maltratado, reunieron todo el valor que pudieron, levantaron la cabeza y señalaron con un dedo tembloroso pero decidido al acusado, que las miró con desprecio. Tanto. daba, ya estaba hecho. Y era un gran paso...

Al día siguiente regresamos a Pitesti escoltadas por el mismo convoy estrepitoso de la ida. Unas semanas más tarde nos llamó el abogado. Ya no recuerdo cuántos años le cayeron al traficante, pero con lo que se quedaron las chicas fue con que no les habían concedido ninguna compensación económica.

A este proceso le siguió otro, también en Macedonia. En esa ocasión los medios se encargaron de darle cobertura: el acusado no era otro que un albanés apodado Leku, de nombre real Bojku Dilaver, un célebre mafioso internacional de cuarenta años que operaba entre Alemania y Macedonia. Poseía salas de variedades en Velesta y en Struga, donde prostituía a las chicas que compraba en otros países del Este. Dos de las mías habían trabajado allí. Corrupción mediante, el tal Leku se había librado en más de una ocasión de la cárcel. La complicidad de la policía era un secreto a voces: en una rueda de prensa que se retransmitió por televisión unos policías macedonios aseguraron que el mafioso había dejado el país. Un periodista levantó la mano:

—Perdonen, pero ayer mismo entrevisté a Leku y puedo asegurarles que se encuentra a este lado de la frontera.

A estas imágenes les siguió la redifusión de la entrevista en cuestión. Tras la investigación se supo que un buen número de altos cargos de la policía y de la justicia macedonia local frecuentaban el club de Leku, quien había tenido la gran idea de grabar los encuentros sexuales de todos esos «ciudadanos de bien» para chantajearlos a cambio de su impunidad. Cuando estalló el escándalo, Leku fue por fin arrestado en el marco de una amplia operación realizada por los servicios policiales de varios países. El juicio, que fue muy esperado, se celebró en Struga, al suroeste de la república de Macedonia, y hasta allí tuvieron que ir mis chicas a prestar testimonio. Una vez más nuestra escolta era impresionante. En esta ocasión, en cambio, no era por alardear: la amenaza era bastante real, tanto para las chicas como para los que las protegían. Todo el mundo estaba con los nervios a flor

93

de piel, se mascaba la tensión. Leku no solo era conocido por su violencia extrema, sino que también contaba con medios suficientes para montar una operación de envergadura incluso desde su celda. Por otra parte, Struga, una ciudad situada a orillas del lago Ohrid, albergaba una importante comunidad albanesa cuya presencia era fuente de tensiones en aquella región todavía mortificada por la guerra de Kosovo. La policía, temerosa de hacer saltar el polvorín, no se atrevía a aventurarse en aquel enclave albanés, cuya impunidad atraía a los criminales más buscados del país. Conforme nos acercábamos los agentes del coche estaban cada vez más tensos. Así y todo, el trayecto se desarrolló sin incidentes. Una vez en Struga, fuimos directamente al tribunal. En el interior del edificio había unos pintores que estaban repasando las paredes; para quitar hierro al asunto, hice un comentario inocente:

—¡Vaya, un poco de aire nuevo para la primavera!

Los policías que nos escoltaban respondieron con el gesto torcido:

—¡Qué va! Eso han sido los colegas de su amigo Leku, que se han divertido poniendo una bomba en el juzgado…

—¿Cómo? Pero ¿por qué no nos han dicho nada?

—No queríamos que se asustasen…

La bomba había estallado hacía dos días. Como habían mantenido en secreto la fecha de nuestra llegada, el traficante había golpeado al azar, apuntando a la primera planta, donde en esos momentos nos esperaba el fiscal, quien se había librado del atentado por los pelos. A las chicas no les llegaba la camisa al cuello. Las dejé delante de la puerta del despacho. En cuanto terminaron, los policías nos hicieron salir a toda prisa del juzgado: estaba claro que no les hacía mucha gracia quedarse por aquellos lares. Tampoco a las chicas, la verdad… No habíamos parado desde Skopje, donde habíamos hecho noche. Cuando subimos al coche le pregunté a uno de los agentes si podíamos parar en algún bar para hacer una llamada. La respuesta fue categórica:

—Imposible.

—¡Solo quiero tomarme un café, no tardaré nada!

—Ahora no. Pararemos en un lugar seguro, aquí es demasiado arriesgado.

En vez de coger por el camino más corto el conductor dio un rodeo de cien kilómetros para burlar cualquier posible trampa de la banda de Leku a la salida de la ciudad. Unas horas más tarde todos los ocupantes del coche empezaron a relajarse: estábamos fuera de peligro y el testimonio de las chicas pondría a Leku a la sombra unos cuantos años.

Cuando el enlace de la policía macedonia volvió a llamarme una vez finalizado el juicio, no pude ocultar mi excitación:

—Entonces, ¿qué? ¿Le han declarado culpable?

—¡Sí! ¿A que es una noticia estupenda!

La voz del oficial sonaba triunfante. Esperaba con impaciencia la continuación:

—Pero hombre, ¿no me va a decir cuánto tiempo le han echado?

—Tres años.

Seguramente no le había escuchado bien.

—¿Es una broma?

—Eh…, no, le han condenado a tres años de cárcel.

—¡Ese sujeto ha explotado y torturado a trescientas chicas, sin contar las que han muerto, que no sabemos ni cuántas son, ni a las que directamente se ha cargado! ¿Y me cuenta usted tan alegre que le han caído tres años de cárcel? ¿Sabe los riesgos que han asumido mis chicas? Con la reducción de pena Leku estará en la calle dentro de dos años como mucho. ¿Quién las va a proteger cuando venga a vengarse?

Me quedé muerta. ¡Vaya paripé de justicia! Si no encerraban de por vida a desgraciados como Leku, ¿cómo esperar que el tráfico sexual se redujese? Tres meses después volvió a llamarme el mismo agente.

—Iana, tengo una mala noticia…

—¡No, por favor!

—Lo siento, pero Leku acaba de escaparse.

—¿Cómo es eso posible?

—Tenía que comparecer por última vez ante la corte; cuando el guardia fue a buscarlo a su celda prometió portarse como un buen chico. Leku le aseguró que no pensaba escaparse y el guardia no creyó conveniente ponerle las esposas. Por supuesto, se escapó de camino al tribunal. Lo siento mucho, de verdad, Iana…

A modo de flaco consuelo, al menos aquella evasión fue motivo de mofa entre la prensa extranjera y supuso un escándalo en la escena internacional: las fuerzas policiales de varios países habían trabajado a destajo para llevar a Leku ante un tribunal. ¡Hasta el FBI estaba en el ajo! Era demasiado absurdo… Me quedó la esperanza de que al menos aquel final grotesco sirviera de lección para futuros arrestos. Esos dos juicios macedonios habían alimentado mis ilusiones. Las condenas eran débiles, pero algo era algo. Por fin las cosas empezaban a cambiar. La evasión de Leku me decepcionó, desde luego, pero no dudaba de que, a fuerza de congregar las buenas voluntades de diferentes países de Europa, conseguiríamos acabar con esa esclavitud primitiva. No podía ni imaginar que el tráfico sexual todavía no había vivido su época de esplendor.

La casa de la colina

*L*os dos pisos que ocupábamos eran la comidilla del barrio. Nada más alquilar el segundo se desataron las lenguas, en especial las de las viejas brujas que se pasaban el día a las puertas del bloque, chismorreando en sus sillas. Había que verlas, armadas con su labor de croché y sus agujas de hacer punto, cuando pasaba delante de ellas con alguna de las chicas; intercambiaban miradas cargadas de intención y soltaban frescas como:

—Huy, pero, ¿tú has visto la camiseta que lleva? ¡Para eso que no lleve nada!

—Mira esa: ¡más preñada que una vaca! ¿Y tú has visto a algún marido por aquí, eh?

Procuraba no hacer caso de aquellos comentarios pérfidos, hasta el día en que una me preguntó:

—Perdone, señora, ¿le puedo hacer una pregunta?

—Dígame.

—¿Qué es lo que hace usted exactamente con todas esas chicas?

—Las formamos.

—Ajá… Pues a mí me han dicho que ruedan películas porno ahí arriba.

—¿Ah, sí? ¿Y ha visto usted a muchos hombres entrar en nuestra casa?

—Yo que sé, yo solo le digo lo que me han contado…

Aquellas viejecillas eran odiosas, no había otro calificativo.

—¡Un día reventará usted de tanta maldad! Me apuesto algo a que si un chiquillo agonizase a sus pies, se quedaría usted mirando mientras se muere sin levantar ni un dedo. Lo peor es que tampoco soporta que alguien quiera ayudar a la gente que lo necesita.

Dicho esto me di media vuelta. El ambiente se estaba volviendo insoportable en el barrio, la verdad. Por no hablar de la gestión de ambos pisos, que encima estaban en plantas distintas, lo que lo complicaba todo, tanto la comunicación como la vigilancia. Tuve que contratar a otro trabajador social para que hubiese siempre alguien en los dos pisos. Además, iba necesitando un despacho para hacer el papeleo, cada vez más numeroso. En definitiva deseaba más que nunca un sitio que fuese nuestro; pero los 40.000 euros que la LIFT me había concedido por segundo año consecutivo no daban para comprar una casa.

La solución acabaría viniendo de San Diego, Estados Unidos. Tenía allí unos amigos, Paul y Caroline, que venían con bastante frecuencia a Rumanía en el marco de un proyecto humanitario médico. Siempre me traían detallitos para las niñas: maquillaje, ropa, pintaúñas… Caroline organizaba pequeños talleres de manicura en el piso: las chicas se prestaban al juego, como princesitas. Con aquella paz en sus rostros, ¡eran como niñas en una tienda de chucherías! Un día Paul me sermoneó:

—Iana, ¿cuánto hace que no te vas de vacaciones? Párate a pensarlo…

—…

—¡Lo sabía! Escucha, Iana, no puedes seguir así, un día te vas a derrumbar, y tus chicas contigo. Haz el favor, vente a pasar unos días a San Diego.

—Sí, sí, un día de estos…

El día llegó sin que yo decidiera nada. Paul me informó por teléfono:

—Te hemos comprado el billete y lo hemos organizado todo con tus trabajadores sociales. El mundo seguirá girando sin ti. ¡Ve haciendo la maleta!

Mis amigos me organizaron una barbacoa de bienvenida

con todas sus amistades a mi llegada a San Diego. En el momento álgido de la noche, Paul y Caroline me empujaron hacia el centro de la concurrencia.

—Iana, ¿por qué no les cuentas qué es lo que haces en Rumanía?

Estuve hablando veinte minutos. Cuando acabé los hombres estaban asqueados y las mujeres compungidas. Una vez de vuelta en Pitesti no tardé en recibir una llamada de Paul:

—Tengo una buena noticia. Mis amigos han estado hablando sobre tu trabajo por sus círculos y han organizado una pequeña colecta para ti.

En un solo mes la «pequeña» colecta ascendía a 20.000 dólares. ¡No podía creérmelo! Con aquella suma compré un terreno a las afueras de Pitesti, a cinco minutos de donde vivo, y encargué la construcción de los cimientos de una casa. Las obras empezaron en abril de 2003. En agosto ya nos habíamos mudado a nuestro nuevo hogar. Solo estaba terminado el interior, el exterior lo acabaríamos poco después gracias a la ayuda, entre otros, de las embajadas de Finlandia, Gran Bretaña y Dinamarca, que nos destinaron fondos residuales asignados a otros proyectos. En esa época había siete chicas. Las nuevas —entre ellas una repatriada de Kosovo que estaba a punto de dar a luz— habían venido a reemplazar a las veteranas. Mariana y Ecaterina, que habían acabado la escuela y encontrado un empleo, dejaron el centro con 17 años. Ilinca, por su parte, tuvo problemas en el colegio cuando se celebró el juicio del tribunal. Un periódico publicó la fotografía que le habían hecho los policías con el cigarro en la mano. En el pie de foto su edad ascendía ¡a 29 años! Al día siguiente su tutor se le insinuó. Lo denunciamos, pero era demasiado tarde: todos los alumnos conocían el pasado de Ilinca, y tuvo que dejar los estudios. Su abuela aceptó tomarla de nuevo a su cargo, «pero solo porque es muy buena alumna», había dicho…

Las chicas no tardaron en habituarse a su nuevo hogar: una casa nuevecita en la falda de una colina, algo por encima de una carretera poco frecuentada. Sus alegres colores contrastan con las fachadas ennegrecidas de las granjas vecinas. No les puedo contar de qué colores son las paredes por una sencilla razón: porque nadie debe saber dónde está. Muchos traficantes pagarían lo que fuese por localizar a sus antiguas presas. Los habitantes de las inmediaciones la llaman «la casa de la colina», pero nadie sabe exactamente a quién pertenece. A saber lo que podrían hacer las malas lenguas con esa información… Los traficantes tienen espías por todas partes, de modo que lo principal es que las chicas estén protegidas. Aunque habrá quienes se hayan fijado en que vive gente joven, como mucho deben de pensar que se trata de un centro de acogida al uso. Si supiesen que han sido prostitutas convertirían la existencia de las jóvenes en un infierno: la gente no tardaría en señalarlas con el dedo, o incluso en quejarse de la influencia que podrían ejercer esas mujeres de la vida en el vecindario. Además, ante todo las chicas aspiran a una vida normal. Rara vez les hablan del albergue a sus compañeros de clase. Todas se avergüenzan de su pasado. Por nada del mundo querrían hablar de las humillaciones que han sufrido.

Dentro de la casa se sienten seguras, aquí nadie las juzga por lo que hicieron. En «temporada baja» cada una tiene su cuarto en la planta de arriba: hay ocho en total. Cuando superan esta cifra los comparten, salvo las que duermen con sus bebés. El baño también está arriba. En la planta baja todas se reúnen en la sala común, amueblada con una pequeña librería y grandes sofás, donde se repanchingan durante horas delante de la tele, como todas las chicas de su edad. No hacer nada… también es importante. Está prohibido fumar en la casa, salvo en la cocina contigua al salón, donde las educadoras comparten comida con las chicas todas las noches. En cuanto a mí, por fin tengo un despacho, con un ordenador, un armario para archivar las carpetas, una mesita baja para el café, sillas para recibir a la gente y una pequeña estancia con un sofá donde las educadoras pasan la noche. Nadie está autorizado a entrar si no ha sido invitado por mí: es el cuarto de los adultos, el único sitio donde se puede estar tranquilo en medio de este enjambre de adolescentes.

Siempre hay una educadora social de guardia, día y noche. En total somos cuatro educadoras y yo para hacer guardias de entre 24 y 72 horas. Es importante que las chicas nunca estén solas: en primer lugar, para protegerlas, pero también para escucharlas cuando necesitan hablar, para vigilarlas, separar a las que se pelean, calmar los instintos rebeldes y asegurarse de que cumplen correctamente con sus tareas. Y es que este aprendizaje de la vida en sociedad no está exento de roces. Todavía me acuerdo de las crisis de Iuliana… Había pasado una temporada en un orfanato antes de aterrizar en el albergue. Tan pequeña, menuda, casi esquelética, aquella versión reducida de mujer de 19 años no aparentaba más de 12, pero cuando abría la boca ocupaba todo el espacio. El día que llegó empecé a explicarle las reglas, como a cualquier otra recién llegada.

—Aquí todo el mundo participa en la limpieza y en la cocina. Funcionamos por turnos.

—¿Cómo?

—Pues eso, que todas tenéis que encargaros de vuestro cuarto, y aparte, por turnos, cada una se ocupa de barrer, fregar y preparar la comida. ¡Vamos, como en cualquier casa del mundo!

—Anda y que te den. Yo ni lavo ni cocino. En el orfanato nos daban la comida hecha y venía gente a limpiar.

—El problema es que ya no vives en un orfanato. Tienes que aprender a valerte por ti misma…

—¡Ni de coña! ¡Yo no soy tu chacha!

Estuvo empecinada varios días, ya creía que no lo conseguiríamos. Y entonces se lanzó. Muy chula ella, nos ordenó a todas que saliésemos de la cocina.

—Yo sé lo que me hago, ¡no necesito que nadie me ayude!

De la cocina llegaba olor a quemado. Cuando trajo la fuente a la mesa todas pusimos cara rara al ver el potingue que había preparado. Una chica preguntó tímidamente:

—¿Qué es?

—Patatas con encurtidos y cebolla.

—Ah, vale, ya veo…

Todo el mundo torció el gesto y una chica se atrevió a decir:

—Perdona, Iuliana, pero los encurtidos se suelen echar para condimentar un poco, no se preparan platos con ellos…

101

—¿Cómo que no? En el orfanato nos los ponían y estaban muy buenos. Y además, yo cocino así, y punto en boca.

Nadie tocó la extraña elaboración, acabó todo en la basura. Ese mismo día algo más tarde, cuando ya habíamos tirado la bolsa de basura al cubo del patio, una de las chicas llamó a todo el mundo a la planta de arriba. Desde su ventana se veía la bolsa de basura, que un perro estaba destrozando con los dientes. El animal olfateó la mezcla de encurtidos y luego se dio la vuelta en redondo. Nos mordíamos los labios para no reírnos. Iuliana se dio por vencida y rompió a reír:

—¡No puede ser! ¡Ni al perro le gusta mi comida!

Después de ese episodio aceptó sabiamente nuestros consejos. Lo más gracioso es que con el tiempo estudió cocina y acabó siendo la primera de su clase. Al cabo de un año y medio nos preparó un plato de pescado: ¡un auténtico manjar!

Todo está pensado para permitirles llevar una vida normal. Cuando vuelven de la escuela, o se encierran en su cuarto o bien van a charlar al salón. Se les permite salir a fumar un cigarro y las que tienen trabajo tienen derecho a ir a comprar ropa. Sin embargo, no hacen mucho uso de este privilegio: por lo general prefieren quedarse en casa. En verano se limitan a tomar el sol en la explanada de tierra batida que hay en lo alto del terreno. Por supuesto, por la noche es otra historia, aunque saben a lo que se exponen yendo a discotecas. Son adolescentes, hay que hacerlas entrar en razón. Los primeros años instalamos un taller de costura en una sala grande que hay al lado del salón; una de las educadoras sabía coser y les enseñaba a remendar ropa y a hacer sábanas de algodón, entre otras cosas. ¡Hacían un trabajo estupendo, de verdad! Vendíamos la ropa de cama a los hoteles y podíamos así remunerar a las chicas y comprar muebles: el taller no nos costaba ni un céntimo. Era de lo que más les gustaba a las chicas. Cuando la educadora que les enseñaba se fue de Pitesti tras su divorcio, el taller pasó a ser un simple almacén de provisiones. En cuanto tenga dinero para una máquina de coser y encuentre a alguien adecuado para el puesto, lo vuelvo a montar.

Por suerte no faltan los momentos de convivencia. Solemos organizar almuerzos festivos con el equipo al completo. En los cumpleaños se soplan las velas; algunas chicas lo hacen por primera vez. Les hago regalitos, algo de maquillaje, un colgantito de plata… ¡procurando no tener la misma idea dos años seguidos! Con tantas chicas es difícil no repetir… A veces recibo donaciones: ropa todavía en buen estado o paquetes de fruslerías que me mandan mis amigos del extranjero. Las chicas nunca olvidarán los cosméticos que nos regaló una asociación estadounidense que quiso aportar su granito de arena. Como había tantas cremas en el paquete pude repartirlas de forma equitativa. A la mañana siguiente estaba tomándome un café en la cocina cuando bajaron las primeras. Poco más y se me cae la taza.

—¿Y esa cara, Dios mío? ¿Qué os ha pasado?

—No sabemos, ¡pero quema!

—¡Pero si tenéis la frente y las mejillas llenas de ronchas rojas! ¿Qué os habéis echado?

—Nada, la crema de los americanos.

—¡Ay, lo mismo está caducada! Anda, traédmela.

Cuando me la enseñaron tuve que aguantarme la risa:

—¡Os habéis embadurnado la cara con detergente líquido! ¿No os habéis dado cuenta de que había algo raro?

—Bueno… Al principio nos pareció un poco viscoso y luego empezó a tirar. Pensamos que eso era buena señal y que debía de ser una crema muy eficaz, así que nos pusimos más.

¡Qué risa! Dos días más tarde dos chicas volvieron de la escuela con las mejillas escarlata.

—Oye, chicas, ¿no os habéis pasado un poco con el colorete?

—Sí, pero es que no se quita.

—¿Qué queréis decir con que «no se quita»?

—Pues que cuando lo frotamos con agua, se queda rojo.

—¿Qué clase de colorete os habéis puesto esta vez?

No era colorete, era tinta. En el envío había tampones con formas de animalitos para decorar las cartas. Ignorando los tampones, habían creído que las cajitas de tinta eran maquillaje…

En Navidad las chicas tienen que cumplir con el ritual de la carta a Santa Claus. Es un poco infantil, pero es la única manera que tengo de no equivocarme. Curiosamente ellas le sacan cierto jugo: la mayoría de ellas nunca han celebrado las Navi-

103

dades y, al escribir la carta, regresan a la infancia que nunca tuvieron. Leer sus pequeñas misivas me resulta conmovedor y divertido a la vez: «Santa, gracias por cuidar de mí y por regalarme un reloj», «Santa, me gustaría una familia, gracias», «Santa, quiero unos vaqueros nuevos, los míos se me han quedado chicos». Cuando el regalo que piden es demasiado modesto, como unos guantes, lo completo con algo más. Intento acordarme de lo que regalé el año anterior para evitar que lo tengan repetido. Una vez me equivoqué y le regalé un colgante con una cruz dos veces seguidas a la misma chica. Se mostró comprensiva:

—No pasa nada, esta es verde, ¡la otra era roja!

Después de abrir los regalos del árbol preparamos la comida tradicional: siempre lo pasamos en grande. Sin embargo, una Navidad en particular pasará a los anales del centro. Fue hace dos años. Ese mes de diciembre las chicas habían encadenado una tontería tras otra. Primero fue Livia, una residente de dieciséis años a la que la educadora pilló una mañana tirada sobre la moqueta del cuarto, borracha como una cuba. Ella y su compañera Ania, una chiquilla de apenas catorce años, se habían bebido una botella entera de vodka que habían ido a comprar deslizándose por la ventana con un atado de sábanas… Al poco pillamos a otras fumando en su cuarto. Pero la guinda fue cuando una de ellas hizo la gracia de hacer saltar la alarma a las dos de la mañana. En el albergue todo está bien protegido: basta con golpear la ventana para que se active la alarma. La empresa de seguridad es alertada automáticamente y nos llama al instante para ver qué ocurre. Tres noches seguidas me despertó la llamada de la educadora porque había saltado la alarma. El problema era que no sabíamos cuál de ellas nos estaba tomando el pelo. Como ninguna quería confesar, se me ocurrió darles una lección. Al día siguiente avisé a la empresa de seguridad:

—Es probable que la alarma vuelva a saltar esta noche. No llamen ni envíen ninguna patrulla.

Tal y como había previsto, la sirena aulló. Pero esa vez yo estaba en el centro. Corté la alarma y esperé una hora. Cuando calculé que todas estarían durmiendo de nuevo, subí a la planta de arriba y empecé a aporrear las puertas:

—¡Arriba! ¡Todo el mundo al salón! ¡Ahora mismo!

Una vez en la planta baja las conté. Estaban todas, con ojos de sueño. Repetiría la operación a la noche siguiente: estaba convencida de que activaban la alarma para que la quitásemos definitivamente y poder así escaparse a comprar alcohol cuando les viniese en gana. A la tercera noche se rebelaron:

—No tiene gracia, Iana. Mañana tenemos que trabajar.

—¿Y qué queréis que haga? Yo también trabajo, ¡fíjate tú! A mí me hace tanta gracia como a vosotras.

A las siete de la mañana decreté que fuesen todas a limpiar el patio, a quitar los papeles sucios que tiraban por las ventanas. Se pusieron a la tarea un tanto atemorizadas. Cuando acabaron saqué las cajas con las guirnaldas y anuncié:

—Vale, descanso. Podéis ir una hora a vuestros cuartos. ¡Luego nos ponemos manos a la obra!

Estaban convencidas de que por fin íbamos a decorar el árbol… Cuando volvieron a bajar se precipitaron sobre las cajas de cartón. Al empezar a desembalar el contenido vieron que no eran adornos sino… papeles arrugados.

—¿Hacéis saltar la alarma y os creéis que merecéis una recompensa? Pues la vais a tener. No os mováis, que Santa Claus vuelve dentro de una hora.

Volví con botes de pintura y brochas. Ante tanto bártulo se quedaron heladas.

—Pues sí, chicas, ¡al tajo! ¿No habéis fumado en los cuartos? ¡Una lástima, se han ensuciado las paredes y hay que volver a pintarlas!

Subieron el material a regañadientes. Las escuché protestar durante una hora; pero luego se dejaron llevar y acabaron divirtiéndose. Pintaron todas las habitaciones. El día de Navidad la casa estaba como nueva y las chicas muy contentas. La alarma no volvió a sonar.

Por supuesto las adolescentes sienten la necesidad de cambiar de aires cada cierto tiempo. Cuando fundé el albergue instauré también los campamentos de verano. En julio nos vamos

105

a los Cárpatos con las tiendas y los sacos de dormir. *Bora,* mi rottweiler, se viene con nosotras. Es una buena ocasión para aprender a trabajar en equipo en un entorno que les es ajeno. A las chicas les encanta. Cuando hablo de «trabajo en equipo» en el centro no escucho más que quejas y lamentaciones. Allí, en pleno bosque, cuando pregunto: «¿Quién quiere ir a buscar leña para el fuego?», ¡se levantan todas a la vez! Durante el día se pasean, van al río a remojarse los pies, y por la noche cantamos alrededor del fuego. Estas vacaciones anuales son la mejor forma de desconectar y de olvidar las rencillas pasadas.

Pánico

*P*or toda Europa numerosos traficantes darían lo que fuera
por saber dónde se esconden las chicas que consiguen escapar.
En primer lugar porque una fugitiva es un mal ejemplo para
el resto del rebaño. Además, cuando una oveja coge la tangen-
te el tratante solo tiene una obsesión: atraparla y devolverla
cuanto antes a su puesto en las esquinas, o bien castigarla para
aleccionar al resto de chicas y disuadirlas así de que la imiten.
Pero, ante todo, una antigua víctima con vida supone el riesgo
de verla testificar un día ante un tribunal. Si el proceso ya está
en curso, el traficante inculpado no dudará en emplear todos
los medios a su disposición para abocar a sus denunciantes al
silencio; bien presionando a sus familias, bien eliminándolas,
simple y llanamente. En consecuencia la seguridad de las chicas del albergue es una prioridad constante. Como la parcela
no está vallada cualquiera puede entrar en la propiedad. La
puerta de entrada siempre está cerrada con llave, tanto para
que las chicas no puedan fugarse como para evitar las intru-
siones. La única que tiene la llave es la educadora y las chicas
tienen que pedir permiso para salir, incluso para fumarse un
cigarrillo. Aunque las ventanas no tienen barrotes, están pro-
vistas con el famoso sistema de alarma que salta al menor im-
pacto. En caso de amenaza —si por ejemplo las chicas ven a algún merodeador sospechoso por la carretera que pasa por
abajo, si un coche se acerca demasiado o si un visitante desconocido sube por la escalinata—, la educadora da la alerta pre-

sionando un botón que hay en el despacho: lo llamamos «el botón del pánico».

En el minuto que sigue a su activación la central de vigilancia llama para obtener confirmación de la contraseña y pregunta si todo va bien. Si la amenaza está fundamentada envía al instante a dos guardias de seguridad. Rara vez se llega a ese punto: por lo general la cámara instalada por encima del porche basta para disuadir a los fisgones. La imagen es retransmitida en una pantalla que hay en el despacho, lo que nos permite tener siempre un ojo puesto en lo que pasa fuera. Por la noche es otro cantar.

Hace tres o cuatro años, justo cuando acababa de apoyar la cabeza en la almohada, agotada tras una larga jornada de trabajo que me había llevado a casa bien entrada la noche, sonó el teléfono. Cogí el supletorio de al lado de la cama con la mayor desgana. Antes incluso de poder llevármelo a la oreja escuché la voz enloquecida de Mariana, la educadora.

—¡Hay un coche fuera! ¡Están intentando abrir la puerta! ¡Callaos! ¡La puerta, están intentando abrirla!

Del flujo entrecortado de sus palabras, lanzadas por oleadas, deduje lo esencial: alguien estaba intentando entrar en el hogar. Por los gritos de las chicas que ahogaban sus frases debía de haber un ejército de traficantes bajo sus ventanas.

—Mariana, tranquilízate. Dale al botón.

—¡Ya lo he hecho! Le he dado al botón y he corrido a llamarte.

—Vale, pues estará al llegar un equipo de seguridad. Mira por la pantalla y procura apuntar el número de matrícula del coche.

—Vale, vale.

—Venga, voy para allá.

Sin molestarme en quitarme el pijama, me puse las botas y cogí al vuelo el chaquetón. Stefan, que por entonces debía de tener diecisiete años, vino corriendo detrás de mí por la escalera que da al salón.

—Mamá, ¿adónde vas?

—Tengo que ir al albergue, alguien está intentando entrar.

—¡Espera, voy contigo!

—Ni se te ocurra. Tú vuelve a la cama, te llamo ahora.

Tres minutos después estaba al volante del coche. Ya en la carretera apreté el acelerador, iba con una mano en el volante y la otra en el teléfono. Llamé primero a la central de vigilancia para asegurarme de que habían mandando a alguien y luego al albergue.

—¿Mariana? Voy de camino. ¿Has apuntado la matrícula?

—Sí, ya está.

—Dímela.

A un kilómetro de mi casa distinguí a lo lejos los faros de un coche que venía en sentido contrario. Era la una de la mañana y la carretera estaba desierta: solo podían ser ellos, que ponían pies en polvorosa. Sin pensarlo siquiera, crucé el coche en la carretera y me paré ahí en medio con los faros encendidos para cortarles el paso. El vehículo frenó en seco justo delante de mi capó. La matrícula coincidía con el número que me había dado Mariana: ¡buena jugada! Estaba como loca: esos tíos me habían sacado de la cama en plena noche, me lo iban a pagar… Me bajé del coche hecha una fiera, corrí hasta la puerta del conductor y la abrí mientras gritaba insensateces:

—¿De dónde venís, eh? ¡Sé que habéis entrado en la propiedad, a ver si os creéis que soy tonta! ¿Qué hacíais allí?

Dentro había tres hombres: delante, el que conducía, un tipo bastante joven y detrás otros dos cuyas caras no logré distinguir. En ese instante me di cuenta de que el pecho del conductor estaba a bastante distancia del volante, lo que no podía significar más que una cosa: ese tipo tenía unas piernas muy largas y, por tanto, ¡debía de ser el doble de alto que yo! No tuve tiempo de reflexionar sobre lo grotesco de la situación: ¡yo, una rubia bajita hecha un basilisco, intentando provocar a un gorila en medio de la nada! El conductor trató torpemente de salir de su asiento. Al punto le pegué una patada a la puerta para impedir que saliera.

—¡Y ni se te ocurra salir de ahí, animal!

Podría haber sido mi última frase antes de la paliza que sin duda iba a recibir en cuestión de segundos… Tuve suerte: el

109

equipo de seguridad, de camino al albergue, apareció en ese justo momento y comprendió la situación al instante: ¿una rubia histérica gesticulando en medio de la carretera? ¡Solo podía ser yo! Doy mentalmente gracias a Dios por no haberme abandonado.

Dejé que aquellos armarios roperos se ocuparan de los tres hombres del coche; los llevaron a la comisaría y presentaron una denuncia contra ellos. En el centro el ambiente estaba todavía revuelto. Las chicas, que habían pasado mucho miedo, chillaban todas a una en el salón. Mariana no conseguía tranquilizarlas. Ninguna conocía al hombre que había golpeado la puerta violentamente: eliminé pues la opción del antiguo chulo que intentaba recuperar una oveja descarriada. Debían de tratarse de pequeños traficantes a los que habían advertido de la presencia por aquellos lares de mano de obra fácil y barata…, y venían a servirse sin más.

A la mañana siguiente la policía confirmó mis sospechas. Stefan, por su parte, me echó un sermón, muy preocupado:

—Mamá, pero tú…, tú eres una inconsciente total. ¿Te imaginas lo que podían haberte hecho?

—Me habían cabreado, ¡estaba fuera de mí!

—Muy bien, pero la próxima vez llévate mi bate de béisbol. De hecho deberías llevarlo siempre en el maletero.

—¿Un bate? ¿Para qué? ¿Para romperles las piernas?

En realidad sabía que si volvía a producirse el mismo tipo de incidente la cólera me llevaría a actuar del mismo modo. ¿Quién se habían creído que eran esos animales? Su impunidad me daba ganas de vomitar. Estoy convencida de que solo ver a una mujer levantarse contra ellos —aunque sea un ejemplar menudo de mi edad— les descuadra: ¡no están acostumbrados! A la hora de la verdad, cuando están solos, esos tíos no tienen lo que hay que tener… Prueba de ello es que ninguno de esos desgraciados me ha puesto nunca la mano encima. Ni siquiera el día que me interpuse físicamente entre unos traficantes y las chicas…

Una vez más era de noche: siempre actúan en la oscuridad, cuando todo el mundo duerme. Nada más escuchar unos neumáticos rechinar sobre la gravilla del patio, la educadora había presionado el botón del pánico, me había llamado para despertarme y yo me había plantado en el albergue en un visto y no visto. Al verme derrapar por la carretera de abajo, regresaron al coche. Demasiado tarde: les corté el paso con mi Dacia y me bajé de un salto sin parar de insultarles. Gritaba tan fuerte que los merodeadores no debieron de fijarse ni en mi altura. Se quedaron sentados en el coche sin saber qué hacer. En el interior las chicas estaban apiñadas en las escaleras, donde había una ventana que daba directamente a la escalinata de la entrada. Haciendo caso omiso del peligro y de lo delicado de la situación en la que me hallaba, seguí vociferando para gran regocijo de las chicas, que no perdían nota del espectáculo y comentaban la jugada en voz alta. Una vez más la caballería llegó justo a tiempo. Las chicas, en la ventana, estaban exultantes: nunca habían visto a una mujer plantándoles cara a esos brutos. Los dos guardias de seguridad los sacaron del vehículo sin miramientos y los montaron en el suyo para llevarlos a la comisaría. Al día siguiente supimos que los traficantes venían de Calarasi, una ciudad situada al sureste del país, no muy lejos del mar Negro. Por esa época Iula, una adolescente de dieciséis años, se disponía a testificar en un juicio que se estaba celebrando precisamente en Calarasi. Sin duda los acusados les habían enviado para intimidar a los testigos. Las víctimas del tráfico sexual viven aterrorizadas durante meses, a veces años enteros. Para las que escapan este miedo nunca se pasa. Los traficantes saben perfectamente que basta muy poco para impresionar a una antigua prostituta. ¡Nada me producía más placer que haber ridiculizado a esos miserables delante de las adolescentes!

111

La historia más increíble ocurrió hace unos meses. Llevábamos quince días observando en el centro la extraña conducta de un desconocido: venía todas las noches a apostarse en la carretera de abajo y se sentaba sobre el capó de su coche, con los ojos clavados en la casa, mientras apuntaba hacia arriba con una lucecita roja que debía de ser un láser. Aunque resultaba muy angustiante para las chicas yo no podía intervenir: legalmente aquel hombre estaba en un espacio público y no hacía nada condenable. Sin embargo una de ellas, Sanda, lo reconoció: formaba parte de la banda de su antiguo chulo. Una noche las chicas vieron por la ventana de la primera planta que la lucecita se acercaba. Como yo no estaba de servicio la educadora me avisó por teléfono. A mi vez llamé a la central de vigilancia y les pedí que se reunieran conmigo en el albergue. Cuando llegué el coche ya se había ido. Los dos guardias, que habían aparecido entre tanto, se subieron al mío y fuimos a inspeccionar las inmediaciones. A apenas unos cien metros vi el coche aparcado en el arcén. Los chicos de seguridad me avisaron:

—Iana, no puede usted hacer nada, tiene derecho a estar ahí.

Haciendo oídos sordos, me detuve al lado del coche.

—Haga el favor de bajar la ventanilla, quiero hablar con él.

—Iana, puede denunciarle por acoso.

—Le digo que baje la ventanilla.

El que iba en el asiento del pasajero me hizo caso. El conductor del coche misterioso hizo otro tanto.

—Buenos días, señor. ¿Está usted esperando a alguien?

—Sí, ¿por?

Al verle la cara de crápula se me subió la sangre a la cabeza. Aquella rata asquerosa llevaba un gorro calado hasta los ojos, para que no se le pudiera reconocer. Me apeé del coche y fui a abrir su puerta.

—¿Qué es lo que quiere? Vengo todos los días, y ahí está usted plantado delante de mi casa. ¿Cuál es el problema? ¿Quiere hablar con Sanda?

El individuo vaciló. La presencia de aquellos hombres uniformados a mis espaldas le turbaba. Insistí:

—Venga, súbase a mi coche y le llevo a verla si quiere.

—Bueno…, vale.

El hombre se montó en el Dacia ante la mirada atónita de los dos guardias de seguridad, que no sabían lo que me proponía. Cuando las chicas vieron entrar al tipo se fueron corriendo a esconderse a la planta de arriba y a la cocina. Invité al traficante a tomar asiento en mi despacho.

112

—¿Quiere un café?

—No le voy a decir que no.

Lo dejé en la habitación con los otros dos, a quienes les lancé una mirada de complicidad: eran libres de hacer el gorila durante aquellos breves instantes de intimidad... En la cocina Mariana preparó el café.

—Iana, ¿sabes lo que estás haciendo?

—¡Pues claro! El muy imbécil se ha metido en la boca del lobo.

—¿De verdad quieres que le lleve café?

—Por supuesto, ¡me lo ha pedido!

—¿Dejo la taza en la mesa o se la tiro encima?

—Tú dásela y ya está.

Mariana le llevó la taza de mala gana. Entre tanto llamé a la policía y le conté toda la historia. Vinieron y nos tomaron declaración a mí y a las chicas, que les relataron el acecho diario desde la carretera, lo de la luz roja y la actitud amenazante; luego se llevaron al traficante. Salió con una fianza de 5.000 leis.[16] ¡Le había salido caro el café! Un buen rato después de que se hubiese ido, Sanda seguía llorando de la risa. Todavía hoy seguimos cachondeándonos Mariana y yo: ¡el tío se creyó que le iba a llevar a Sanda!

En definitiva, el peligro no está tanto en el albergue, bastante bien protegido, como fuera. Las chicas que testifican contra un traficante en un juicio siempre son intimidadas o amenazadas con represalias. Es una de las razones por las cuales insisto en que este centro siga siendo una entidad independiente, que no esté supeditado en modo alguno a las subvenciones del Estado. No te puedes fiar de nadie en materia de tráfico sexual; sobre todo en este país, donde la corrupción gangrena la mayoría de instituciones. Todavía es demasiado corriente la connivencia entre la policía y los criminales. Por eso nunca bajamos la guardia. Me acuerdo de un juicio en el que tenían que testificar Mihaela y Lucia, dos hermanas a las

16. 1.200 euros.

que había recogido a la vez. Siempre llevo en persona a las chicas al tribunal y en esa ocasión la audiencia se celebraba en Turnu Severin, cerca de la frontera con Serbia, a unos cuatrocientos kilómetros de Pitesti. Me fiaba menos que nunca: uno de los traficantes inculpados era expolicía, de modo que por fuerza tenía contactos en el cuerpo y me temía que los conservara; cabía la posibilidad de una huida. Si los traficantes recibían el soplo de nuestra llegada, quién sabe lo que eran capaces de hacer. Como medida de prevención contraté a dos guardaespaldas para que nos escoltaran hasta allí. Por el camino pronto comprendí que nos estaban siguiendo; veía a nuestros perseguidores por el retrovisor, a bastante distancia. Por suerte me conozco Pitesti mejor que la palma de mi mano. Además, ¡las persecuciones son lo mío! No habíamos llegado ni a la autovía y ya les había dado esquinazo. Aquello no auguraba nada bueno. Las chicas no se dieron cuenta de nada. Poco antes de llegar llamé por teléfono al agente que se encargaba del caso:

—Estamos bien, vamos de camino, pero nos han seguido durante varios kilómetros.

—Ah, ¿y eso? ¿Por qué iban a seguirles?

—¡Dígamelo usted! A ver, estamos a punto de llegar, ¿han inspeccionado los alrededores? ¿No hay ningún comité de bienvenida sorpresa?

—No, no, está todo en calma.

—Bien…

Una vez en Turnu Severin estacioné en el aparcamiento de la comisaría. El procedimiento es así: la policía tiene que escoltar hasta el tribunal al testigo que va a prestar testimonio. Los dos guardaespaldas, a los que había citado allí, me estaban esperando. Los dejé con las hermanas y entré en el edificio para avisar de nuestra llegada al agente, quien, cuando salimos, no disimuló su descontento al ver a los hombres de negro:

—¿Quiénes son esos?

—Nuestros guardaespaldas. Los he contratado para garantizar nuestra protección.

—Pero, Iana, ¿de quién quiere usted protegerse, si se puede saber?

—Nunca se sabe.

Aquel poli estaba demasiado nervioso para ser honesto. De pronto la mayor, Mihaela, palideció:

—Está ahí.

—¿Quién?

—Un traficante de la banda. Mira, está al otro lado de la carretera.

El policía se rio de nosotras:

—Vamos, vamos… ¡Ven traficantes por todas partes!

Me tomé muy en serio el incidente. Esta vez no estábamos ante un par de golfillos que venían a meter las narices en el albergue. Aquella gente tenía contactos. Su mera presencia era una prueba de que les habían dado el soplo. Los guardaespaldas se quedaron con la cara del hombre que señalaron las chicas. Cerrando filas, caminamos hasta el juzgado, donde entramos sin problemas. Cuando terminaron de declarar, Mihaela vino a susurrarme al oído con una voz cargada de ansiedad:

—Están allí todos. Mira, ahora hay dos.

Lucia, su hermana pequeña de 15 años, se apretó instintivamente contra ella. Ahora sí que estaba realmente preocupada. Alguien los había avisado, era evidente, y estaba claro que no se iban a contentar con intimidarnos desde lejos. Las chicas tenían que volver a comparecer ante el juez: si cambiaban de opinión el juicio se iría al traste. Me olí que aquellos tipos de expresión patibularia querían seguirnos para intentar alguna de las suyas cuando saliésemos de la ciudad; ese tipo de cosas suelen pasar: los testigos se ven atacados en plena carretera por hombres que les obligan a parar el coche, a veces les pegan palizas de muerte y luego sus agresores se volatilizan y el caso se cierra. Dado el giro que habían tomado los acontecimientos, estaba claro que no podía contar con la policía local para que nos echase un cable. De camino al coche los guardaespaldas me miraron inquisitivos.

—Vamos. Total, son solo dos, intentemos darles esquinazo.

—¿Está segura? ¿Quiere que conduzca?

—No, es mi coche, yo lo conozco mejor.

—Vale.

115

Los guardaespaldas no apartaron ni por un segundo la vista de los otros dos hombres, que parecieron dudar. Seguramente acababan de darse cuenta de que los dos gorilas armados con pistolas eléctricas que nos acompañaban, vestidos de negro de arriba abajo, no eran policías como habían creído en un principio. Por su comportamiento me figuré que estaban calibrando los pros y los contras de llegar a las manos en aquellas condiciones. En cuanto arranqué se montaron en su coche y se largaron. Estaba furiosa pero aliviada: había pasado mucho miedo por las chicas.

Después de eso, ¿cómo trabajar bajo la tutela del Gobierno? En 2007, tras la integración de Rumanía en la Unión Europea, la Agencia Nacional de Prevención del Tráfico de Personas, la NAATIP,[17] liberó fondos para las víctimas del tráfico sexual y para la apertura por todo el país de nueve centros de acogida solo para ellas. Al mismo tiempo creó una base de datos que albergaba toda la información sobre las víctimas: nombre, edad, dirección, así como las señas de sus padres, el nombre del traficante, los juicios en los que se habían visto envueltas, etc. El objetivo es poner el archivo a disposición de todas las instituciones que participan en la lucha contra el tráfico y facilitar así la cooperación entre servicios y con el resto de Europa. Por supuesto, el contenido de la base de datos es totalmente confidencial y solo pueden consultarlo las personas autorizadas. ¡El problema es que son demasiadas! Con una corrupción que hace estragos en todos los ámbitos, ¿cómo garantizar la confidencialidad de dichos datos?

Me cité con el director de la agencia en persona. Me juró y me perjuró, con la mano en el corazón, que la identidad de las chicas estaba extremadamente protegida y que el riesgo de filtración era nulo. Le respondí que daría los datos siempre y cuando la víctima me autorizase para ello. Es la política de la casa: no obligo a nadie a que hable y menos aún a que coopere. Me da igual si me estoy privando así del dinero del Estado: pre-

116

17. National Agency Against Trafficking in Persons.

fiero mil veces ir a suplicar a todos los patrocinadores privados del mundo antes que comprometer a mis protegidas.

Y puedo asegurarles que ninguna de las chicas con las que he tratado ha aceptado ser fichada en base de datos gubernamental alguna. Con todo, al igual que el Gobierno solo subvenciona a las ONG que se adhieren al programa, la policía no garantiza la protección de las testigos si no reciben total cooperación por su parte, inclusive el almacenamiento sistemático de todos los datos relacionados. Las víctimas desconfían y acaban retirando la demanda. Resultado: desde 2007 el número de juicios entablados contra traficantes de seres humanos ha caído en picado. En definitiva, esta nueva política ha tenido el efecto contrario al deseado: no solo no ha hecho que la esclavitud sexual decrezca, sino que nunca ha sido tan floreciente.

117

Los diez mandamientos

$\mathcal{T}$oda recién llegada al centro de acogida firma un contrato donde se estipulan sus derechos y sus deberes. Al firmarlo acepta seguir las reglas del albergue, que son las mismas para todas: los diez mandamientos.

1. Se acoge a las chicas nuevas tal y como nos acogieron a nosotras mismas: con cortesía y respeto.
2. Se trabaja en equipo: expresamos nuestro punto de vista pero escuchamos igualmente el de las demás.
3. Las tareas de la casa se reparten entre todas; ¡y se hacen sin rechistar!
4. Se evitan las riñas: cuando no estamos de acuerdo, debatimos sobre el tema.
5. Ni se miente ni se oculta nada, aunque sea duro reconocer la verdad. Lo importante es poder hablarlo.
6. No se roba.
7. No se bebe alcohol ni se consume ningún tipo de droga en el albergue.
8. No se insulta ni a las compañeras ni a los miembros del equipo. El albergue es como una familia: nos respetamos las unas a las otras.
9. Nunca se recurre a la violencia física, bajo pena de ser expulsada automáticamente del programa.
10. No se sale con chicos ni se va a discotecas. Nos limitamos a hablar de los novios para intentar saber lo que pudo ocurrir en relaciones pasadas y aprender para la siguiente.

Evidentemente estos diez principios no nacieron de la noche a la mañana; no me levanté un día y me dije: «Anda, ¿y si les prohíbo tirarse de los pelos?». Son fruto de mi experiencia con adolescentes que a menudo no quieren hacer más que una cosa: justo lo contrario. A lo de las tareas se acostumbran rápido: si el cuarto de baño está sin limpiar, ellas son las primeras en sufrirlo. Son libres de intercambiárselas; las que trabajan, por ejemplo, pueden pagar al resto para que hagan por ellas las tareas asignadas. Es evidente que este tipo de transacciones puede ocasionar disputas, cuando a una se le ha olvidado pagar a otra, por ejemplo; pero con la ayuda del arbitraje de la educadora las aguas siempre acaban por volver a su cauce. No mentir, no intentar dominar al resto de chicas: esas son cosas que se aprenden paulatinamente, hablando mucho. Tampoco la droga supone un problema: son pocas las chicas que consumieron siendo prostitutas. No es solo que las víctimas del tráfico sexual no tengan dinero para comprar, tampoco los tratantes tienen interés en drogarlas para que hagan la calle: la droga es cara, dar tres tortas es gratis y mucho más eficaz. No nos llegan, por lo tanto, chicas con el mono. Con el alcohol es distinto, pero aun así ninguna de las chicas que he acogido ha tenido problemas serios de adicción. Eso no quiere decir que no intenten negociar este punto con la excusa de alguna ocasión especial, como un cumpleaños o un picnic en el campo:

—Solo una vez, estamos de fiesta…

—¿Podemos tomar por lo menos cerveza sin alcohol?

En cuanto a las salidas a bares y discotecas, también se conforman: no les faltan las ganas pero saben que en el fondo podrían tener encuentros no deseados. Toparse con su antiguo proxeneta o con alguno de sus acólitos constituye su temor más obsesivo. Por contra, la prohibición de tener novio les cuesta más entenderla. ¿Qué puede haber más natural cuando se tiene quince años que ligar con chicos? Cierto, pero resulta que estas chicas tienen una visión de las relaciones hombre-mujer completamente falseada por lo que han vivido. Todas sueñan con echarse novio, casarse y tener hijos: para ellas es la única forma de cambiar de vida y pasar página. El problema es que saltan al cuello del primero que pasa y se entregan en cuerpo y alma. No conciben, pues, salir con un chico sin mantener relaciones sexuales. Desconocen los códigos tradicionales de seducción: se limitan a poner en práctica la única clase de relación que conocen. Como es de esperar, se encuentran con hombres que una vez más se aprovecharán de ellas, y sin querer reproducen el esquema de sumisión que las marcó. Hablamos mucho sobre todo eso. El trabajo de las educadoras sociales consiste en inculcarles determinados valores y hacerles respetar los mandamientos. Eso no evita del todo los percances, desde luego.

En los casi dos años que lleva en el albergue, Nicoleta ha infringido prácticamente todas las reglas. Es guapa, morena, con una mirada arrogante que me recuerda la de una gatita salvaje. Cuando los servicios de protección de menores me la enviaron tenía quince años y vivía a caballo entre la casa de su madre y la de su abuela. Sus padres estaban divorciados. Su padre había obtenido la custodia de sus hermanos y hermanas menores, mientras que su madre había ganado la de ella. Por desgracia su relación era complicada y Nicoleta se pasaba el día escapándose de casa. Su propia madre había sido víctima de un traficante rumano y se había prostituido a la fuerza durante varios meses en Italia. La relación empeoró. Nicoleta conoció a un chico y este la puso a hacer la calle. Es un clásico: el tratante que se aprovecha de la fragilidad de la chica para obligarla a hacer lo que él quiere. Se convirtió en su único punto de referencia, estaba enamorada de él y tenía miedo de perderle... Creo que, inconscientemente, quiso imitar a su madre, para parecerse a ella y llamar su atención. La primera vez que la recibí en el albergue para una simple toma de contacto, Nicoleta lo negó todo con arrogancia:

—¡Es mi novio, no mi chulo! ¡No me obliga a hacer nada!

Volvió, de nuevo de la mano de protección de menores. Al final reconoció con la boca chica que su «novio» la obligaba a acostarse con otros hombres: lo hacía para poder ocuparse de ella, comprarle regalos..., eso decía él. Acabó firmando el contrato. Su madre, superada por la situación, no la quería en casa. Nicoleta no tenía otra opción.

Los principios fueron un tanto caóticos, a Nicoleta le costó horrores adaptarse. Como todas las recién llegadas, empezó poniendo a prueba al equipo. Las chicas provienen de un ambiente sin orden ni ley y están acostumbradas a responder a la violencia con violencia; al mismo tiempo esa brutalidad las aterra. Además, sienten la necesidad de saber si va a golpear de nuevo y cuándo. Nicoleta no tardó en hacerse la dura de pelar e intentar conseguir el poder a toda costa. Una noche se negó a acostarse. El resto estaba ya en la cama. Tras aguantar una sarta de insultos, la educadora consiguió hacerla subir a su cuarto. Pasados unos minutos Nicoleta activó la alarma golpeando la ventana. A partir de ese momento nadie consiguió dormir. La rebeldía se convirtió en un pulso con la educadora que estaba de guardia aquel día. Las demás chicas, que se habían levantado, no perdían detalle, deseosas de ver quién ganaba. Incapaz de hacerle entrar en razón, la educadora me llamó al rescate. Estaba en casa, era tarde y la llamada me sentó como un tiro. Había que acabar con aquella situación de una vez por todas.

Antes de entrar en el albergue puse la cara más furiosa e implacable que pude. En cuanto traspasé el umbral me fui directamente hacia ella, hasta arrinconarla en la cocina. Las demás chicas se quedaron en el salón. Apenas dejé unos centímetros de separación entre nuestras caras, frente por frente, tratando de doblegarla. Se puso tensa del miedo, sin duda a la espera de que le diese una bofetada. Al ver que el golpe no llegaba recuperó el aplomo. Antes de dar su brazo a torcer —lo que le haría perder puntos de cara a las demás, que estaban escuchando todo lo que pasaba con la oreja pegada a la pared—, Nicoleta se dejó caer como quien no quiere la cosa sobre una silla y se encendió un cigarrillo. Su autoridad estaba en tela de juicio, tenía que encontrar una puerta de salida. No le dejé tiempo. La miré de arriba abajo y le ataqué con una voz áspera:

—Estoy muy, muy cabreada, Nicoleta. ¿Te crees que me divierte desplazarme en mitad de la noche para venir a arreglar tus caprichitos de princesa? ¿Cuál es tu problema?

—No tengo sueño —respondió casi con timidez, observándome de reojo para ver mi reacción. Ante mi silencio se envalentonó y alzó la voz—: No tengo sueño, nadie puede obligarme a irme a la cama si no me da la gana. ¡A mí vosotras no me dais órdenes! ¡A mí no me habla así nadie!

Ahora estaba gritando: quería demostrar a las demás que no me tenía miedo, que a ella nadie le tomaba el pelo. En cuanto volvió a abrir la boca la agarré de la nariz. No lo pensé, la idea me vino espontáneamente. En una fracción de segundo la diatriba furiosa de Nicoleta se apagó con un pellizco nasal que hizo aullar de risa a todo el auditorio, que al otro lado del tabique no perdía detalle desde el salón.

—¡A ver si ahora eres capaz de hablar con la nariz! —me burlé.

Con los ojos desorbitados por la sorpresa, y la nariz todavía prisionera entre mis dedos, Nicoleta trató de retomar la conversación. En vano: su voz sonaba tan ridícula que las chicas se partían de risa. Con lágrimas en los ojos Nicoleta no se atrevió a hacer ni un gesto. Sonó el timbre de la entrada: eran los guardias de seguridad, alertados por la activación de la alarma.

—¡Buenos días, caballeros! Nicoleta se moría de ganas de verles, fíjense qué cosas. ¡Le deben de parecer ustedes muy guapos!

Todas las chicas ahogaron la risa. Nicoleta, por su parte, estaba a cuatro patas en el suelo, buscando bajo la mesa el pendiente nasal y echando pestes por la boca: al pellizcarle la nariz le había quitado sin querer el *piercing*. La tuerca se había quedado por dentro, pero la piedrecita se había caído. Con mucha guasa los guardias se inclinaron hacia ella.

—Bueno, pequeña, ¿cuál es el problema?

—¡A mí no me llamas tú pequeña! —ladró.

—¿Que no te llame pequeña? Bueno, entonces, ¿cómo? ¿Tan mayor te crees?

Nicoleta echaba chispas por los ojos. Corté la discusión rápidamente: yo todavía no había acabado.

—Sea como sea han llegado en buen momento. Esta muchacha sufre una crisis nerviosa y hay que llevarla al hospital. Ya encontrarán allí el modo de calmarla. Vamos, Nicoleta, ve a vestirte, te esperamos aquí abajo.

Con la barbilla temblorosa y la nariz colorada, aunque con mirada orgullosa, la pequeña tigresa subió a vertirse. Una vez en el ala de psiquiatría, se encargó de ella una doctora encantadora. Se pasó casi dos horas a solas con Nicoleta en su consulta; habló con ella, verificó su edad, le preguntó sobre sus padres, su novio y sus continuas fugas. Al final la señora me invitó a pasar.

—Creo que ya puede llevársela a casa. Ya está calmada. ¿No es verdad, Nicoleta?

—Sí.

—¿Vas a estar tranquila?

—Sí.

—¿Qué quieres hacer con tu vida, Nicoleta? ¿Te das cuenta de la suerte que tienes? Tienes que aprovechar tu estancia en el centro, que esta señora tan amable se ocupa de ti…

—¿Cómo?

Con cara contrariada, poniendo seriamente en duda la última afirmación, Nicoleta acababa de amagar un desaire final. La doctora no era tonta.

—Sí, dime.

Nicoleta suspiró y no añadió nada más. Había ganado la batalla. Cada trabajadora social tiene su librillo. El mío, en esa ocasión, había funcionado, al menos durante un tiempo. Mantener la disciplina es la tarea diaria más importante para las educadoras del albergue. No todas tienen la misma actitud y cada problema se arregla caso por caso. Lo importante es discutir y encontrar una solución civilizada que convenga a ambas partes. Cada quince días las cuatro educadoras y el conjunto de chicas se reúnen para recordar los puntos de fricción de las dos últimas semanas. Si por ejemplo una chica se ha negado a obedecer o ha sido grosera con una educadora, tiene que dar explicaciones.

—Bueno, cuéntanos por qué te comportaste así.

—Estaba enfadada.

—¿Le has dicho que estabas enfadada?

—No.

—Y si no se lo dices, ¿cómo quieres que lo sepa?

La mayor parte del tiempo es una cuestión de falta de comunicación. Las chicas provienen de un medio donde se hablan a gritos los unos a los otros, sin justificar nunca ni palabras ni actos. En el albergue si una de ellas no corrige su actitud, le damos un aviso. Si reincide, viene la segunda advertencia. A la tercera: el castigo-sorpresa, según con qué pie me levante ese día. A veces tengo que recurrir a la misma brutalidad que ponen de manifiesto para abrirles los ojos. Me acuerdo de una reunión que fue especialmente agotadora y volaron los insultos. Durante las dos semanas siguientes el ambiente era de polvorín. Las educadoras estaban agotadas. En la reunión posterior intenté que las chicas entrasen en razón.

—Mirad, cuando llegasteis al centro todas me contasteis entre sollozos los malos tratos que habíais sufrido. Os quejasteis del comportamiento de los traficantes, que os insultaban sin parar, que os pegaban y os trataban como animales. Aquí os hablamos amablemente, os pedimos las cosas con educación, os tratamos con respeto, hacemos todo lo que podemos para que os sintáis bien, ¡y ni por esas estáis contentas! ¿Qué es lo que queréis? ¿Que os insultemos? ¿Que os denigremos?

—No, no, claro que no...

Creí que lo habían entendido. De hecho, estuvieron tranquilas un tiempo. Pero al cabo de unos días Any, la educadora, me informó por teléfono de que habían vuelto a prodigarse palabrotas inmundas. Por la tarde, cuando fui a tomar el relevo, abrí la puerta gritando a los cuatro vientos:

—¿Qué pasa, putillas? ¿Cómo va el día, so guarras?

Por un instante las que estaban en el salón creyeron que bromeaba pero mi cara seria y firme las desengañó. Seguí dirigiéndome a ellas con palabrotas, dedicándoles todo el arsenal de mis insultos más humillantes. Y les puedo asegurar que a los rumanos no nos faltan, de hecho somos los más expertos en el tema junto con los húngaros. Me miraban perplejas, demasiado asustadas para atreverse a articular el más mínimo comentario. Any, que se había quedado boquiabierta los primeros minutos, intentó reprimir una risa loca y huyó a esconderse al despacho. Seguí injuriándolas durante otra media hora.

124

—Bueno, ¿qué? ¿Hoy no decís nada?

—…

—¿Quién coño me hace un café? ¿Nadie? Vale…

Con toda la tranquilidad del mundo fui a ponerme un café, dejándolas que se cociesen en su propio jugo. De vuelta al salón con mi taza, retomé la palabra con una voz más calmada.

—¿Creéis que tengo que venir con el látigo para que podamos comunicarnos en esta casa? ¿Sabéis qué? Se acabaron los buenos modales. No sirven para nada. A partir de ahora adoptaré vuestro lenguaje grosero.

—…

—¿Qué? ¿No os gusta la idea?

—Iana, no te pegan esas palabras.

—¡Me da exactamente igual! ¡Lo más importante es que vosotras os sintáis bien!

—Pues no nos sentimos nada bien.

—¿De verdad? ¿Y cómo creéis que se sienten las educadoras cuando les habláis de esa manera?

Esa vez lo entendieron, pero tuve que recurrir a la violencia. Por suerte ese tipo de crisis no son corrientes: por lo general las chicas evitan llegar al punto del «castigo-sorpresa»… Así, tras el incidente del *piercing*, Nicoleta se comportó. Para permitirle reanudar el diálogo con su madre organicé varios encuentros entre ambas en el albergue. A lo largo de sus charlas, en las que yo hacía las veces de moderadora, me fui dando cuenta de que en realidad, en aquel par de madre-hija, la niña era la primera. Se entienden muchas cosas cuando conoces a los padres. A menudo escucho a mi alrededor a gente que habla mal de las chicas que se prostituyen: que si tienen un mal fondo, que si se han buscado lo que les ha pasado. Como si Dios enviase a la tierra una cuota de niños buenos y una de niños malos que reparte al azar entre las familias. ¿Ha sacado un mal número? Mala suerte, ¡es víctima de la voluntad divina y no puede hacer nada! Es vergonzosa la forma que tiene la gente de desentenderse sistemáticamente a la primera de cambio. Por lo que a mí respecta, estoy convencida de que los padres son en gran parte responsables de las elecciones de sus hijos. En el

125

caso de Nicoleta es más que evidente. Con todo, aquellas sesiones les vinieron bien a las dos. Sin duda era la primera vez que hablaban de verdad. Tanto fue así que al cabo de unos meses la madre creyó que todos los problemas estaban solucionados.

—Iana, muchas gracias por lo que has hecho pero ahora tengo que llevarme conmigo a Nicoleta.

—No es tan sencillo.

—¿Por qué? Mi hija ha cambiado muchísimo en estos meses, se ve a la legua. Está preparada para volver a casa.

—Por lo pronto Nicoleta no ha cambiado tanto como usted cree; todavía le quedan muchos problemas de comportamiento por corregir. Además, tiene que comprender que su hija solo es una parte del problema. La otra parte es usted. Y creo que a un adulto le cuesta más cambiar que a una adolescente.

La madre de Nicoleta se fue muy disgustada de mi despacho. Saltaba a la vista que no comprendía las razones de mi negativa. ¿Ella? ¿Responsable? Sí, hombre. Pensé que la cosa no iría a más, pero por desgracia dos días después Nicoleta no regresó del colegio. Enseguida me temí lo que había pasado: su madre había ido a buscarla a la salida de clase y la había convencido para que se fuese con ella. Le quedaban solo dos semanas para examinarse y pasar a tercero, ¡era absurdo! Reapareció a las tres semanas. Al principio había estado escondida en casa de una tía y luego en la de su madre, donde volvió con su supuesto novio. La policía la encontró en casa de su abuela. Cuando los agentes la trajeron de vuelta al albergue ya era tarde para hacer los exámenes. Al año siguiente repetir curso la desmotivó por completo. A menudo se iba por la mañana al colegio y a lo largo del día yo recibía una llamada del director informándome de que había faltado a clase. Contraté a un conductor para que la dejase delante del edificio y se asegurase bien de que entraba. Por la tarde iba a recogerla a las cinco y la traía directamente de vuelta al albergue… Hasta el día en que el hombre me llamó y me dijo con un hilo de voz:

—Lo siento, pero Nicoleta no estaba a la salida del colegio…

Una vez más había puesto pies en polvorosa. Y una vez más la policía la trajo de vuelta. Nicoleta se volvió a escapar unas semanas más tarde para regresar cabizbaja, escoltada por dos agentes uniformados… Acabó dejando los estudios. Ioana, una chica de su edad, llegó al centro y, como ella sí estudiaba, Nicoleta se sentía cada vez más desplazada y decidió interpretar el papel de mandamás con ella. Era por entonces la más veterana de las chicas, un estatus que claramente le daba ciertos privilegios. El problema era que arrastraba al resto de chicas a sus tonterías. Una mañana Nicoleta y Ioana le pidieron permiso a la educadora para salir a fumarse un cigarrillo fuera. Salieron en chanclas y pantalones cortos. Y no regresaron. Para cuando la educadora dio la voz de alarma las chicas ya estaban lejos. Solo podíamos esperar. Esa misma noche me sacó de la cama una llamada de la educadora. Era medianoche y la policía había informado de la presencia de las dos menores en un hotel a las afueras de la ciudad. Pasé por la comisaría para recoger a dos agentes con mi coche (la policía no tiene dinero para gasolina y hay que apañarse como sea…). Nos reunimos con otros policías del barrio donde estaba el hotel en el que habían visto a Ioana y Nicoleta. Esperé en el coche. Las chicas salieron por fin con una escolta considerable. Eran ellas, visiblemente furiosas por haber sido molestadas; sobre todo Nicoleta, que parecía fuera de sí. Salí del coche con una sonrisa en los labios.

—¡Buenas noches, chicas! ¡Hora de volver a casa!

—¡Que te den! Acabamos de empezar a divertirnos, ni siquiera hemos tenido tiempo de follar.

Me reí: no iba a entrar en su juego, por supuesto que no. Una vez que se hubieron subido al coche, soltando insulto tras insulto, uno de los agentes les echó un rapapolvo:

—¡Cuiden ese lenguaje, señoritas!

—¡Anda y que te den a ti también!

—¿Perdón? ¿No querrá romperme la boca de paso, ya que estamos? Venga, vamos, péguéme, ¡me gustaría verlo!

Las chicas se encogieron de hombros. En el asiento trasero fingieron darse por satisfechas y con un tono provocativo dijeron:

—Nos la suda. Por lo menos nos ha dado tiempo de pimplarnos una botella de vino.

A la mañana siguiente Nicoleta presumió del chupetón que tenía en el cuello:

—¿Lo veis? ¡El colega besaba como los ángeles! Todavía siento su olor sobre mí.

No me malinterpreten: todo eso no era culpa suya. Nicoleta, como cualquier otra víctima del tráfico sexual, es una cría rota por dentro. Esas adolescentes mancilladas se desentienden de lo que les pueda pasar, se han perdido el respeto, todos los días se destruyen un poco más porque están convencidas de que no merecen vivir. La de veces que Nicoleta me preguntó:

—¿Por qué me admites en el centro?

—Porque me preocupo por ti.

—¡Que te den! ¡Yo jamás te he pedido que te preocupes por mí!

—Tú no eres quién para decirme lo que tengo que hacer o pensar. Para mí eres muy importante, te guste o no.

Es primordial ser constante en sus vidas. Sus padres nunca les han demostrado ninguna constancia. Las chicas tienen que saber que no las vas a abandonar, que las apoyarás hasta el final. Por desgracia ese final llegó para Nicoleta. En Nochevieja se escapó de nuevo saltando desde la primera planta por la ventana de su cuarto. Como siempre, fue a meterse directamente en la boca del lobo. La policía de Calarasi, cerca de la frontera búlgara, encontró su rastro unas semanas más tarde al hacer una redada en el piso de un pequeño capitoste sospechoso de trapichear con objetos robados. El maleante no era otro que el famoso novio de Nicoleta, quien, todavía con la cara amoratada por el salto desde la primera planta, estaba encerrada en una de las habitaciones del piso. Su príncipe azul le había pegado y violado en sucesivas ocasiones. Cuando volvió al centro Nicoleta estaba encinta y decidida a llevar su embarazo hasta el final. Un mes después todavía se negaba a dirigirle la palabra a su madre.

—¡El día que se muera será el más feliz de mi vida y lo escribiré sobre su tumba! —decía.

Así y todo, en cuanto se enteró de que estaba embarazada, Nicoleta empezó a hacerse ilusiones pensando que su madre, al saber que iba a ser abuela, volvería a aceptarla en casa. Quise prevenirla:

—Yo no creo que eso vaya a cambiar mucho para tu madre.

—No sabes de lo que hablas. Seguro que en cuanto vea al bebé se encariñará con él.

Pero mientras tanto seguía estando bajo mi responsabilidad: no sería la primera vez que una chica criaba a su niño en el albergue. Aunque había que tener en cuenta su actitud. De la noche a la mañana Nicoleta decretó que su estado le impedía hacer las tareas domésticas. Se pasaba el día de brazos cruzados, tirada delante del televisor. Tres meses después trató de escaparse de nuevo, arrastrando con ella a Ioana, siempre dispuesta a seguirla en cualquier trastada. Esa vez conseguí desmontarles los planes. El timbre sospechoso de un teléfono me puso sobre aviso: con el fin de controlar el contacto con el exterior, ninguna chica está autorizada a tener móvil. Sin embargo a veces consiguen hacerse con uno. Sospeché al instante de Nicoleta, todavía dominada por su amiguito. Una noche pedí a los guardias de la empresa de seguridad que viniesen a registrar las habitaciones mientras las niñas estaban en el salón. En el cuarto de Ioana encontraron un teléfono y una mochila con varias cosas, entre ellas el pijama y un cuchillo. Ioana no tardó en desembuchar: la idea había sido de Nicoleta, cuyos amigos le habían dado el teléfono a la salida del colegio y contactarían con ellas más tarde para fijar un encuentro. El cuchillo era para abrir la ventana.

Esta vez Nicoleta había puesto en peligro la vida de otra chica, y aquello no podía seguir así: no se puede aceptar todo con el pretexto de que las chicas son víctimas. Eso fue justo antes del verano. Mientras trataba de solicitar su traslado a un centro estatal para jóvenes madres, Nicoleta reincidió de la manera más aterradora posible. Encontramos en su mochila tres billetes de avión para España, a su nombre pero también a nombre de Ioana y de Andrea, otras dos chicas del albergue. Una vez allí se encargaría de ellas la banda de su novio…

Nicoleta se había pasado de bando. Que una víctima se convierta en reclutadora de un tratante no es nada nuevo, pero

129

nunca lo había visto en nuestro albergue. La expulsé inmediatamente del programa e interpuse una demanda contra ella y
sus compinches. Mi deber es proteger a las víctimas, de otras
víctimas si hace falta. Su abuela aceptó acogerla. Una semana
después lio el petate, no sin antes robarle los ahorros a la anciana. Las últimas noticias que tengo es que sigue huida.

Muñecas rotas

Bajo su apariencia de duras, las víctimas del tráfico sexual son niñas rotas, muñecas frágiles quebradas por dentro. Con ellas hay que empezar de cero, a veces de una forma brutal. Es lo que sucedió con Miruna, una chica menuda y rubia con un carácter fuerte pero muy inmadura para sus veinte años. Yo diría que incluso sufre un pequeño retraso mental, causado sin duda por un ambiente familiar violento. De pequeña su padre alcohólico le pegaba de mala manera. Su madre, también víctima de los golpes de su marido, no era capaz de defenderla. Originaria de Moldavia,[18] una región agrícola con un paro muy acusado, Miruna aceptó una oferta de empleo que le propuso un conocido del pueblo. Acabó en un burdel a cuarenta kilómetros de su casa. Al cabo de unos meses consiguió huir. En la comisaría le dijeron que ella no podía hacer nada por su cuenta y me la mandaron. Estaba embarazada de cinco meses. Los problemas comenzaron cuando nació su hijita, Crina: Miruna se negó desde un principio a seguir los consejos que se le daban. Aunque el médico del maternal trató de explicarle como buenamente pudo que tenía que procurar darle el pecho a intervalos regulares, Miruna hacía lo que le venía en gana. Amamantaba al bebé unos segundos y paraba al pri-

131

18. No hay que confundir esta región del noroeste de Rumanía con la república de Moldavia.

mer indicio de somnolencia. Al ver que al cabo del primer mes Crina no había ganado peso, le sugerimos a la joven madre que pasase al biberón, cosa que rechazó por completo. En esa misma época se le metió en la cabeza poner al bebé delante de la ventana abierta del salón, en pleno invierno, para airearle los pulmones. Todo el mundo le dijo que era una estupidez, que la temperatura era demasiado baja para un recién nacido. Miruna se encogía de hombros. Como era de esperar la cría cogió frío y sufrió unas diarreas espantosas. El médico tuvo que recetarle un mejunje a base de arroz. Cuando la educadora del albergue estaba preparándolo en la cocina Miruna reaccionó con agresividad:

—¡No pienso darle ese potingue a mi bebé! ¡Yo sé lo que le conviene, soy su madre!

—Miruna, no tienes alternativa. Tienes que hacer lo que te ha dicho el médico. Él entiende más que tú.

Miruna subió a regañadientes a su cuarto para darle de comer a Crina. Unos minutos después la educadora oyó chillar al bebé y subió a la primera planta, donde encontró a Miruna fuera de sí, profiriendo insultos y dándole unos buenos meneos a Crina.

—Miruna, ¿te has vuelto loca o qué?

—¡No quiere comer!

—No sirve de nada pegarle gritos, ¡es solo un bebé!

Llevamos a la cría al hospital, donde consulté con una asistenta social del servicio de pediatría para saber qué convenía hacer. Se entrevistó con Miruna, la observó durante un buen rato con el bebé y al final decidió dar temporalmente a la niña a una familia de acogida: Miruna podría visitarla cuando quisiese y aprender así a cuidar de su bebé. No fue fácil anunciárselo; Miruna no comprendía qué había hecho mal y se negaba a admitir su responsabilidad:

—¡Un poco de aire fresco nunca ha matado a nadie!

—¡Un bebé no reacciona igual que tú a los cambios de temperatura, Miruna!

—¡No es culpa mía, yo no lo sabía!

—Te lo dijimos y tú ni caso.

—Porque os reís de mí. No confiáis en mí, os creéis que no soy capaz de criar a mi niña.

—No tienes experiencia, es normal que no sepas qué hacer. Pero no te damos consejos para ponerte en ridículo, te los damos para ayudarte.

—Es que en el albergue es imposible cuidar de un bebé.

—¿Por qué? Tienes todo lo que necesitas.

—Es que es por culpa de Sorina. Si se hubiese lavado antes ahora yo no tendría tantos problemas.

Sorina es otra chica del hogar. Tiene 26 años pero no se cuida en absoluto. Cuando me pide un cigarrillo me veo obligada a hacerle chantaje: un cigarrillo, vale, pero a condición de que se duche. Así y todo, no veía la relación entre Sorina y el bebé de Miruna.

—¿Qué tiene que ver Sorina en todo esto?

—Se le infectó la herida de la pierna porque no se lavaba. Me maté para convencerla de que se duchase y no pude cuidar de mi niña.

—Eres responsable de tu bebé, no de Sorina. Nadie te ha dicho que te ocupes de ella. Tú eres la única culpable de no alimentar bien a tu bebé.

—¿Qué tengo que hacer para que no me la quiten?

—Es demasiado tarde. Los servicios sociales han decidido reubicar a Crina y no puedo hacer nada por impedirlo. Ahora te toca a ti demostrar que eres una madre responsable si quieres que te la devuelvan. Además, te vamos a buscar un trabajo: tienes que aprender a valerte por ti misma antes de poder criar a un niño.

Se me encogió el corazón al ver la desesperación de Miruna. A mí también me habían separado de mi hijo durante tres meses y 17 días y me habría muerto si no hubiese podido recuperarle... Por desgracia no podía permitirme tener en cuenta ese tipo de consideraciones. Cuando el médico le prohibió dormir en el hospital con su bebé, Miruna rompió a llorar a lágrima viva:

—¡Quiero quedarme con mi bebé! ¡No tenéis derecho!

Era desgarrador. Miruna se negaba a aceptar la separación.

133

En los días que siguieron se mostró muy agresiva con el resto de chicas. También fue varias veces al hospital para ver a su bebé. Una tarde me llamó la educadora del servicio de pediatría; acababa de tener una conversación con Miruna, que se había desmoronado:

—Iana, Miruna me ha reconocido que le ha pegado al bebé. Le dio una bofetada y unos azotes.

—No me extraña, la verdad. Yo ya se lo pregunté pero lo negó en redondo. La niña lloraba mucho y me parecía muy sospechoso. ¿La cría está bien?

—No, el médico la ha examinado y tiene un hematoma en la cadera.

Decididamente urgía encontrarle una familia de acogida a la pequeña Crina: no podíamos permitir que Miruna le hiciese daño. La separación era por el bien de su hija, pero también de ella misma. Es horrible tener que llegar a eso, pero no nos quedó más remedio que romper el círculo vicioso. Miruna no era mala chica y nunca tuvo intención de hacerle daño a su bebé. Era solo que nadie le había enseñado el camino que tenía que seguir. Se limitaba a reproducir el comportamiento que todos, desde su padre a sus proxenetas, habían adoptado con ella: al haber crecido en un ambiente violento, no conocía otro lenguaje. Por no hablar de que la habían traicionado de tal manera que era incapaz de confiar en nadie.

Confiar… a menudo es lo primero que las víctimas del tráfico sexual tienen que volver a aprender. Cuando las ONG les hablan de mi centro a las chicas a las que ayudan, la primera reacción es de desconfianza. La simple posibilidad de que exista un sitio donde las van a cuidar, las van a alojar en un cuarto de verdad, les van a dar de comer, mandarlas a la escuela, formarlas en un oficio, y todo eso sin hacerles nada malo, les parece, en el mejor de lo casos, de lo más inconsistente, y, en el peor, de lo más sospechoso. Porque precisamente así es como las captan los traficantes: «Ven conmigo y te daré un techo y comida caliente. Ya verás, te vamos a tratar muy bien».

A esto se une el hecho de que están convencidas de que no merecen ser felices, que solo sirven para hacer la calle y que su destino está escrito. Más de una me ha confesado en confianza, a las semanas de llegar, que al principio creyeron que yo era una especie de *madame,* y que mi centro no era más que un burdel algo más aparente que el resto. No es fácil romper el hielo. Nunca les pregunto sobre lo que les ha pasado. Espero a que ellas vengan a mí. Algunas lo sueltan todo de golpe: las palizas, las violaciones, las torturas… Una forma más de poner a prueba mi reacción. En otros casos necesitan varias semanas, meses incluso, para abrirse. Recluidas en su vergüenza y su humillación, les cuesta confiarse. Entre ellas suelen comparar las situaciones, los tratantes…, aunque sin entrar en detalles. Siempre es cara a cara con la educadora cuando se dejan por fin llevar, durante sesiones agotadoras en las que reviven los abusos sufridos en medio de crisis de llantos incontrolables.

A menudo su cuerpo malherido es el primero en hablar. Las secuelas físicas que las víctimas llevan marcadas en sus carnes son de muchos tipos. Me acuerdo de la pobre Constanta, una chica de 26 años que llegó hace unos meses: su propio padre la prostituía en Alemania y le pegaba casi todos los días. Cubierta de equimosis de la cabeza a los pies, con la muñeca rota y los brazos fracturados por varios puntos, tuvo que pasar bastantes días en el hospital antes de venir a vivir con nosotras. Allí le diagnosticaron esquizofrenia. ¿Consecuencia de su calvario? Nunca lo sabremos. No se sale indemne de vivir durante años como ganado. Los casos de sífilis y otras enfermedades de transmisión sexual no constituyen las secuelas físicas más graves: por lo general ese tipo de enfermedades se cura con medicinas. Los problemas estomacales, causados por la malnutrición, o incluso las infecciones nasales o auriculares, resultantes de los numerosos golpes que reciben, son más problemáticos a la larga. Acostumbradas a permanecer medio desnudas bajo el frío durante días enteros, las chicas también conocen todo tipo de complicaciones renales. Huelga decir que tampoco el aparato reproductor sale ileso del exceso de relaciones sexuales, que provoca fisuras vaginales más o menos profundas. El método anticonceptivo marca de la casa de numerosos traficantes no hace más que agravar la situación: convencen a las chicas de que se protejan del riesgo del embarazo introduciendo antes de cada relación un trocito de esponja en el fondo de la vagina. Evidentemente, como método anticonceptivo no vale nada. El problema es que a fuerza de ponerlo y quitarlo se van acumulando los residuos en las paredes del cuello del útero. Para las más afortunadas basta con un raspado. El resto necesita varias sesiones de láser para quemar los residuos. Me repugna especialmente ver que las chicas desarrollan cáncer de cuello del útero como consecuencia, entre otras cosas, de relaciones sexuales precoces y de múltiples parejas. Nunca olvidaré los padecimientos de Violeta, una chica de diecisiete años muy guapa, rubita con la piel clara, a la que le diagnosticaron cáncer de útero. Celebró su decimooctavo cumpleaños en el albergue, postrada en cama con una transfusión en el brazo. Murió unos días más tarde. Un gran retrato de Violeta me recuerda todos los días en mi despacho los horrores que son capaces de provocar esos animales. Gracias a Dios su desaparición es la única que he tenido que lamentar, aunque casos trágicos los he visto a puñados... Como el de una chiquilla de quince años de Macedonia que resultó herida durante una redada policial en el burdel donde trabajaba. El proxeneta empezó a disparar y los policías respondieron. Atrapada en fuego cruzado, recibió una bala que le atravesó la pierna hasta instalársele en la vagina. Los médicos tuvieron que recurrir a la cirugía plástica para reconstruirle el aparato genital. Por suerte la operación fue un éxito: hoy está casada y tiene dos niños.

También están los daños psicológicos, que son más insidiosos y en ocasiones irreversibles. Los problemas de automutilación son frecuentes en las chicas, quienes, no sabiendo expresar su malestar de otra forma, se maltratan el cuerpo con cascos de botellas o quemaduras de cigarros. Se trata de un proceso que hay que deconstruir poco a poco. Aceptaron hacer todo lo que les ordenaba su proxeneta para sobrevivir y eso les provoca una inmensa culpabilidad. Les recuerdo que no tenían alternativa, que no estaban «hechas» para la prostitución más que cualquier otra chica. Les resulta muy difícil adaptarse a otro universo distinto al que han conocido, es un aprendizaje muy complejo. En más de una ocasión les tienta tirar la toalla y recrearse en añorar su vida pasada, cuando no tenían que decidir nada: se convencen de que, a fin de cuentas, no eran tan desgraciadas. Es una regresión pura y dura, pero el proceso es completamente natural. Obligadas a prostituirse, tuvieron que adaptarse. Estaban demasiado ocupadas en seguir con vida para reflexionar sobre un plan de evasión o para preguntarse si lo que hacían era moral o no. Por no hablar de la amenaza constante que el traficante hacía pender sobre sus cabezas:

—¡Si no pones de tu parte te revenderé a un tratante que es mucho menos amable que yo!

En el hogar, cuando avanzar les exige demasiados esfuerzos, las chicas flaquean:

—¡Yo quiero vivir como antes!

—¿Por qué? Tu chulo te pegaba por menos de nada. ¿Tanto echas de menos los puñetazos en la cara?

—Sí, es verdad que me pegaba, pero en el fondo tenía buen corazón.

—Ah, ¿sí?

137

—Cada vez que me castigaba y que lloraba en mi rincón, me daba luego un caramelo para consolarme y me decía: «¿Por qué me obligas a castigarte? ¿No ves lo que me duele tener que hacerlo?».

Hallar algo bueno en su torturador suponía para ellas un mecanismo de supervivencia. Solamente una vez que lo identifican se puede intentar revertir el esquema de pensamiento.

—¿Crees que se preocupaba de ti porque te daba un caramelo?

—Sí.

—¿No crees que más bien intentaba engatusarte para que le hicieses caso? ¿Crees que él no tenía miedo de ti, de que se lo contases a la policía? Sabía muy bien que podías mandarle a la cárcel si te rebelabas. Eres consciente, ¿verdad?

—Sí…

El trabajo de las cuatro educadoras sociales del albergue no es ni más ni menos que hablar de todo eso con las chicas. Durante el día estoy allí para apoyarlas, pero a partir de las cinco de la tarde se quedan a solas con las residentes hasta la mañana siguiente. Y eso que yo soy la única psicóloga del equipo. Las educadoras no tienen una formación especializada. Las primeras entrevistas de contratación, nada más abrir el albergue, fueron de lo más pintorescas. Cuando les explicaba la situación, las candidatas me miraban con los ojos como platos.

—¿Entiende lo que le digo? Los niños que han sufrido abusos son un grupo particularmente vulnerable, muy marginados también… Pero usted ya sabe de lo que le hablo, ¿no es así?

—…

—Entiendo. ¿Tampoco usted tiene nociones de psicología?

—Pues… no.

Las candidatas que se presentaban habían estudiado derecho, teología o qué sé yo, pero ni una sola había hecho ni tan siquiera un cursillo de psicología. Viniendo como venía de Australia, donde todos los educadores sociales estaban muy bien formados, me caí de las nubes. No solo resultaba complicado encontrar un perfil válido, sino que, incluso cuando tenía esa suerte, era la candidata en cuestión la que se cerraba en banda al saber en qué consistía el trabajo.

—¿Me está diciendo que esas chicas pueden ser violentas?

—No le harán nada. En realidad se hacen daño a sí mismas. Usted solo tiene que estar atenta para evitar que se lastimen. Y también tiene que separarlas cuando se pelean entre ellas.

—Lo siento pero con esas condiciones tengo que decir que no…

Para otras el problema era dormir en el centro. Cuando no lo eran sus prejuicios:

—He hablado con mi marido y no le hace gracia que me pase el día con prostitutas. De modo que lo de dormir con ellas…

Al final tuve que formar yo misma a mis educadoras, con el tiempo. Hoy son cuatro: Mariana, enfermera de formación, Ana, Staluja y Raluca. Aparte de sus atribuciones generales, cada una es responsable de cuatro chicas en particular durante el tiempo que dura la estancia de estas en el albergue: las llevan al hospital cuando están malas, les encuentran algún trabajillo y, en líneas generales, les sirven de referente social en la mayoría de pasos que tienen que dar. Desde luego el albergue es un espacio íntimo en el que la enemistad y la complicidad se dan en función de las personalidades de unas y otras. Todas las educadoras mantienen relaciones más privilegiadas con ciertas chicas. A Raluca es a la que más le cuesta: a mi entender es demasiado dulce para este trabajo. Las chicas se aprovechan y a menudo le toman el pelo y le faltan al respeto. Cuando Raluca se viene abajo y se deshace en lágrimas en mi despacho, trato de reconfortarla:

—Comprendo perfectamente que quieras irte. Si te resulta demasiado duro, no dudes en decírmelo.

—No, no, quiero quedarme… Se lo debo.

Raluca tiene un corazón tan grande… Siempre encuentra la forma de perdonarlas. Lo más difícil para las educadoras es fijar la distancia adecuada. Es un error implicarse demasiado emocionalmente: una educadora no debe hacer el papel de madre; está solo para apoyar a la víctima y darle fuerzas para seguir adelante. No somos padres, somos educadores, aunque a veces el límite sea difícil de definir. Cuando las chicas reclaman una madre no tiene por qué ser su progenitora, sino cualquier figura materna, una persona que se preocupe por ellas. Animamos a todas las chicas a que mantengan el contacto con sus padres, que pueden venir a visitarlas al centro. Muchas chicas tienen la esperanza de poder irse un día con ellos… Pero se equivocan: cuando no son sus padres los que se niegan a acoger de nuevo a sus hijas, somos nosotras las que nos oponemos. Si fallaron una vez, volverán a hacerlo. No se trata de falta de amor, sino de incapacidad para demostrarlo.

Hace diez días me llamaron de los servicios sociales para que acogiera a una chica, Camelia, una muchacha bajita de dieciséis años con el pelo corto y rizado. Fui a verla al hospital pediátrico, donde había sido internada tras un intento de suicidio. Le hablé un poco del albergue, pero realmente no me dio tiempo de tener una auténtica conversación con ella. Solo sé que había sufrido una violación colectiva por parte de sus proxenetas. Tras nuestro primer encuentro sospeché que su padre tam-

139

bién había abusado de ella sexualmente. Todavía ignoraba que la violaba desde que tenía siete años, que su madre la vendió por cinco cigarrillos cuando Camelia tenía trece, que la joven se fugó al cabo de un año y que regresó a su casa embarazada. También desconocía que la buena de su madre la llevó al hospital a abortar antes de volver a venderla a un traficante por una botella de vodka. De momento lo único que sé es que Camelia está completamente perdida. Me contaron que ya había estado al cargo de una educadora en el marco de un programa estatal y que la relación se había desmadrado: Camelia se agarró a la educadora como a un clavo ardiendo, la llamaba «mamá» y exigía verla todos los días. Cuando la educadora quiso poner cierta distancia entre ella y su protegida, esta última se cortó las venas. Por esa razón habían considerado conveniente trasladarla a otro centro de acogida. Lo único que cabe esperar es que este tipo de incidente no se reproduzca. Por desgracia Camelia parece haberle echado el ojo a otra educadora social, Mihaila, una trabajadora del hospital pediátrico. Al igual que con la anterior, Camelia la llama «mamá» sin que la educadora le diga nada. He intentado hacer entrar en razón a Mihaila, a la que conozco bastante bien, pero se niega a escucharme. Con todo, ahora Camelia está bajo mi tutela y soy yo la que decide lo que es bueno para ella. Me voy a ver obligada a prohibirle a Mihaila que venga a ver a Camelia. Puede parecer cruel, pero estoy convencida de que esta chiquilla nunca saldrá del hoyo si seguimos alimentando semejante confusión.

El objetivo es enseñar a las chicas a seguir viviendo sin nosotras y prepararlas para afrontar el mundo exterior. Basta ver los problemas que se encuentran en el colegio para saber que no será un camino de rosas. Hace un mes apunté a Ioana, otra de mis protegidas, de quince años, al colegio de Pitesti, en penúltimo curso. Al segundo día de clase uno de sus profesores se quejó de su comportamiento: había insultado a unos chicos de su clase. Hablé con Ioana, quien me contó que los niños la habían provocado y se habían reído de ella. Creí que el problema estaba solucionado. A la semana siguiente el director me llamó, bastante disgustado:

—Mire, señora Matei, lo siento mucho pero Ioana sigue buscando gresca con todo el mundo. En estas condiciones no podemos tenerla con nosotros.

—Muy bien, voy a ver qué puedo hacer.

A la mañana siguiente la acompañaron a clase dos trabajadores sociales. Todos los alumnos entraron en el aula, a la espera del profesor. Los educadores se quedaron fuera, con la oreja pegada a la puerta. Escucharon a los niños riéndose:

—Bueno, Ioana, ¿nos haces una mamadita o qué?

Al oír aquello los trabajadores sociales entraron en el aula e hicieron salir a Ioana para hablar con los alumnos.

—Escuchad, no podéis decir cosas así. Ioana tiene vuestra edad y es una niña como vosotros. Es una víctima, una persona que ha tenido menos suerte que vosotros en la vida. Deberías estar de su parte y ayudarla en vez de humillarla.

Ioana volvió a clase. Al día siguiente regresó llorando al albergue.

—¿Qué te ha pasado?

—Tres niñas de mi clase… que se han metido conmigo y me han dicho que no se quieren sentar en la misma banca que yo.

Fui a ver al profesor, quien me aseguró que hablaría con sus alumnos. Es una lástima, pero no puedo hacer mucho más. Le he pedido a la madre de Ioana que la acoja para que pueda cambiar de colegio, pero se ha negado en redondo:

—¡Ioana no va a vivir en mi casa ni en broma! ¡Esa niña no me trae más que disgustos! La verja del jardín todavía está rota de la última vez que vinieron a buscarla los traficantes para llevársela.

Es todo tan penoso… A Ioana le encanta ir a clase. Si no puede estudiar tranquilamente, ¿cómo va a salir a flote? Es una chiquilla bastante graciosa, con una personalidad fuerte y muy espabilada, pero sigue siendo frágil. El otro día rompió a llorar delante de mí:

—¡No quiero ir más a clase, no estoy hecha para esa vida!

—¡Aguanta, Ioana, demuéstrales que puedes conseguirlo!

—No sé…

Pobrecita… Es muy difícil cambiar las mentalidades. Prevenir en los colegios con charlas sobre el tráfico sexual no va a cambiar nada; si en las casas los padres se pasan el día echando pestes de las prostitutas jóvenes, sus hijos reproducirán el mismo comportamiento en las escuelas. Es necesario encontrar otra forma de cambiar la manera en que la sociedad ve a las víctimas del tráfico sexual. El verano pasado llevé a las chicas de acampada a las gargantas de Rosia, por los montes de Bihor; ¡un lugar estupendo! Nos acompañaban un monitor de escalada, un monitor de espeleología para explorar las cuevas de los alrededores y una amiga artista. Esta les explicó nuestro proyecto:

—Bien, os vamos a dejar una cámara de fotos y vais a usarla todo el fin de semana como mejor os parezca. El tema es «La naturaleza es sublime». ¡Disfrutad!

A pesar de la falta de experiencia las chicas hicieron unas fotos estupendas. Al ver la foto de tres hacinas de heno que había hecho Miruna, un fotógrafo amigo mío no podía creer que fuese obra de una aficionada. Mi amiga, mientras tanto, fotografió a las chicas durante esos dos días: nada de retratos, solo detalles de manos, bocas, miradas… Vamos a montar una exposición en Bucarest con todas las imágenes. Quiero encontrar para cada chica un artista reconocido o una estrella del mundo del espectáculo que acepte ser su «héroe» y hable del sueño de su protegida en la prensa. Aunque sea triste, creo que sin el reclamo de los famosos nadie en Rumanía hablará positivamente de las víctimas del tráfico sexual… Las chicas no han escogido todavía sus sueños, pero me imagino que serán cosas sencillas. Algunas me han confesado, por ejemplo, que su mayor deseo sería poder hablar con un actor y atreverse a mirarle a los ojos. A menudo las chicas ni siquiera tienen valor para encarar la mirada de un adulto que se dirige a ellas. ¿Cómo van a vivir sus vidas si no consiguen mirar de frente?

Le puede pasar a cualquiera

*C*ontrariamente a lo que pueda pensarse, las chicas prostituidas contra su voluntad no tienen por qué ser jóvenes descerebradas víctimas de su ingenuidad. Una vez acogí en el albergue a una mujer de 23 años que estaba casada. Se llamaba Mihaela y vivía cerca de Pitesti. Su marido trabajaba en la construcción, pero con un único sueldo nos le llegaba para vivir bien. Mihaela, que estaba en el paro, aceptó un puesto de cocinera en un restaurante de Alemania. En Rumanía, donde las ofertas de empleo escasean hasta la crueldad, el exilio económico se ha convertido en moneda de cambio corriente. Los trabajos en el extranjero, casi siempre pagados en negro, se encuentran a través del boca a boca: siempre se conoce a alguien cuyo primo o un amigo lejano ha oído hablar de un puesto que hay que cubrir en tal o tal otro país de Europa. Cuando se le propone a una chica ir a recoger fresas a España por 800 dólares al mes, no se lo piensa. Como las demás, Mihaela no desconfió. Su marido, por su parte, tampoco dudó en dejarla ir: se trataba de una separación de como mucho unos meses, durante los cuales su mujer ganaría algo de dinero. En cuanto, llegó Mihaela vio que el gerente del supuesto restaurante le confiscaba los papeles. Cuando quiso protestar le bajaron los humos a base de patadas, antes de encerrarla con llave en un cuarto.

—Va a venir a verte un señor. Más te vale ser amable con él si quieres volver a ver a tu marido algún día.

Cuando apareció el primer cliente Mihaela se negó a que la

tocase. Esa vez fueron dos los que la hicieron entrar en razón. Le dieron tal paliza que la dejaron desangrándose en el suelo. La joven gimió durante horas, sola, sin que nadie fuese a verla. A la mañana siguiente entró en el cuarto un segundo cliente. Aterrada y sin fuerzas Mihaela se sometió. ¿Qué podía hacer si no? Su calvario duró varios meses. Cada tanto los proxenetas le permitían llamar a su marido para darle noticias y asegurarle que todo iba bien. Bajo la vigilancia de sus carceleros le contaba cosas de su trabajo o le anunciaba un envío:

—Te voy a mandar un giro de cincuenta euros. Sí, ya lo sé, no es mucho…, es que esta semana he tenido muy pocas propinas y no he podido ahorrar más.

Los tratantes no son tontos: nunca cortan el contacto de una chica que tiene parientes. Enviar algo de dinero a la familia que se queda en el país es una técnica clásica, una forma de asegurarse la tapadera y evitar posibles sospechas. Un día Mihaela, abordada por una ONG local junto con otras chicas del restaurante, logró escapar. La ONG la tomó bajo su protección a cambio de su cooperación con la policía y me contactó a mí para organizar su repatriación a Rumanía. Porque había una pega: Mihaela tenía que testificar contra su chulo, pero le aterraba la idea de que su marido se enterase de lo que le había pasado. En su casa nadie habría entendido que una mujer respetable pudiera prostituirse. En Rumanía las prostitutas están muy mal vistas, la gente no diferencia entre una puta que consiente y una víctima del tráfico sexual. Temía que los vecinos la señalasen con el dedo o incluso que su marido la dejase. Lo peor es que sin duda tenía razón. Fuera como fuese, la humillación que había sufrido le concernía a ella y solo a ella. Por teléfono la mujer de la ONG me preguntó qué convenía hacer:

—Mihaela va a tener que regresar para testificar en el juicio. La policía alemana ha avisado tanto a la policía rumana como a la Agencia Nacional de Prevención del Tráfico de Personas. ¿Cómo podemos garantizar el anonimato de Mihaela?

—¡Ante todo que no firme ningún papel! Si entra en los archivos de la Agencia, habrá filtraciones…

Tal y como estaba previsto, Mihaela regresó a su casa. Entre las dos acordamos la historia que iba a contar a su marido: en el restaurante donde trabajaba, un ladrón le había robado el bolso de la barra con todos sus papeles dentro. El caco era un delincuente violento conocido por los servicios policiales. Como testigo principal tendría que volver a Alemania para identificarle ante el tribunal. Yo misma me encargué de comunicarle esta nueva versión a la policía alemana, que aceptó cubrir a Mihaela. ¡Para nada! A las pocas semanas de volver a Rumanía un agente de la policía local la llamó a su domicilio para que fuese a hacer una declaración. El marido empezó a sospechar:

—¿Por qué te contacta la policía rumana por un bolso robado en Alemania?

—No sé...

Mihaela me llamó completamente aterrada.

—¡Me dijo usted que nadie lo sabría! ¡Me ha mentido!

—Tranquila, Mihaela, voy a solucionar esta historia.

Contacté directamente con el agente de policía alemán que se ocupaba del caso. Se mostró muy comprensivo y me aseguró que no había tenido nada que ver en aquella metedura de pata. Se había molestado en advertir a sus homólogos rumanos, pero al parecer estos habían hecho caso omiso de sus recomendaciones. Solo quedaba una solución para reparar los daños, y ese agente tan colaborador me iba a ayudar.

—¿Le puedo pedir un pequeño favor?

—Dígame.

—Cuando vaya a llamar a Mihaela para que preste testimonio, avíseme antes, así yo estaré en su casa cuando reciba la llamada. Ella le pasará a su marido y usted le repetirá la historia que hemos inventado. No habla inglés pero yo se lo traduciré. No dude en aderezar la historia, como que el agresor es un hombre extremadamente peligroso, que su mujer ha sido muy valiente, que su testimonio es fundamental para meterle en chirona...

Nuestra estrategia funcionó de maravilla: el marido se creyó la historia de cabo a rabo. Cuando el policía alemán se lo confirmó en persona se le disiparon todas las dudas. Acto se-

145

guido me planté en la comisaría de Pitesti para hablar con el agente al que la Agencia Nacional de Prevención del Tráfico de Personas le había encargado la investigación del caso de Mihaela.

—Escúcheme, Mihaela no va a firmar ninguna declaración. Se niega a figurar en su archivo de testigos. ¿Entiende lo que le estoy diciendo?

—Sí, pero necesitamos información que solo ella posee para poder investigar al traficante que la vendió a Alemania.

—Vale, pero no será de forma oficial. Le dirá todo lo que quiera de viva voz, pero no hará ninguna declaración por escrito ni firmará ningún papel. Solo cooperará con estas condiciones. Ya la ha comprometido usted bastante.

—Muy bien.

Para que su marido la dejase salir fingí que necesitaba la ayuda de Mihaela para escribir una carta a Alemania. Vino a mi casa sola y la acompañé a la comisaría, donde respondió a todas las preguntas sin firmar un papel. Su marido nunca supo nada.

Si rememoro el caso de Mihaela es para explicar que ser vendida y obligada a prostituirse le puede pasar a cualquiera, no solo a chicas que «se lo han buscado». Desgraciadamente, el tráfico sexual sigue siendo un tema tabú en nuestro país. La mayoría de la gente no entiende que uno pueda vender su cuerpo contra su voluntad. ¡Como si una adolescente de 15 años fuera a elegir que unos desconocidos la machaquen! Una mujer casada, sin traumas, puede caer igualmente en las garras de un desgraciado.

En mi albergue he visto pasar perfiles muy variados, chicas de todas las edades, algunas de ambientes acomodados, con estudios. Todas tienen en común el provenir de un ambiente familiar disfuncional: un divorcio conflictivo, unos padres alcohólicos, violentos, incestuosos o criminales, una transición difícil a la adolescencia… Esa fragilidad las hace más susceptibles de frecuentar malas compañías, las empuja a depositar su confianza en el primer fulano que finge interesarse por ellas. He sabido de casos de secuestro en plena calle, aunque en ge-

neral a las chicas se las engatusa con promesas de trabajo: camarera, canguro, asistenta… Una vez que la chica está marca-
da, es fácil convertirla en esclava. Porque una cosa es segura: la
incapacidad de las esclavas sexuales para oponerse a su traficante nunca es una cuestión de debilidad de carácter, de personalidad desviada, de nivel social ni de inteligencia. Es una simple cuestión de supervivencia. Nadie puede resistirse a las
presiones de un traficante, nadie puede decir «no» a un animal
que te golpea y amenaza con matarte si no obedeces. Las cabezas más fuertes son las primeras en capitular. De este modo, los
tratantes localizan siempre a la que tiene carácter de líder y la
«machacan» a conciencia delante de las demás, recurriendo
para ello a las humillaciones más vejatorias, a las prácticas más
degradantes, las más brutales que puedan imaginarse: se mean
encima de ellas, las violan entre varios, a veces con una barra o
una botella de plástico para mostrarles a las demás a lo que se
exponen si se atreven a plantar cara. Con frecuencia, sobre
todo entre las más pequeñas, ni siquiera es necesaria la violencia física. Es tan fácil intimidar y manipular a las más pequeñas… Todavía me acuerdo de una chica de 16 años a la que llevaban prostituyendo desde los 13 y a la que encerraron varios
días en el maletero de un coche con solo unas botellas de agua.
La mayoría de las veces esos desgraciados se limitan a poner
un rifle sobre la mesa, como el que pone un móvil. La mera visión del arma basta para adocenar a las díscolas. Hace unos
años unas chicas incluso me hablaron de un tratante macedonio que tenía un tigre. Cuando quería que una chica le obede-
ciera le enseñaba la jaula…

En el extranjero están más desamparadas aún: lejos de sus
familias, ven como les confiscan los papeles y se encuentran
sin referentes en un ambiente desconocido donde no hablan el
idioma ni saben a quién recurrir. A algunas las encierran todo
el día en un cuchitril de un edificio abandonado o en cualquier
chabola miserable a las afueras de una ciudad, donde nadie las
oye gritar. Por supuesto tienen demasiado miedo de las represalias para atreverse a quejarse a los clientes. Las que trabajan
en la calle no salen mejor paradas, la verdad. ¿Escaparse? ¿Para

147

ir adónde? Sin dinero, no tienen ni para coger el autobús. ¿La policía? Con frecuencia está compinchada con los traficantes, que se benefician de la condescendencia de agentes de todos los escalafones de la jerarquía. He perdido la cuenta de las chicas que me han contado que se acostaban con policías uniformados en los clubes donde trabajaban. Y no estoy hablando de Macedonia, ¡sino de España o Reino Unido! Al no saber a quién recurrir, las chicas aprenden a no confiar en nadie. Además, a menudo los traficantes las hacen rotar por Europa para evitar que pasen demasiado tiempo en un mismo país y que se familiaricen con el sitio, establezcan contactos privilegiados o, por supuesto, que puedan aprender algo sobre la legislación local. En el albergue muchas víctimas me han confesado que habían acabado convenciéndose de que habían nacido para eso, de que su suerte estaba echada y no podían hacer nada. Un método de supervivencia, en definitiva, tal vez el único…

¿De quién es entonces la culpa? De las adolescentes desde luego que no. Los primeros responsables son los padres que no ejercen de padres. Sin embargo, no son los únicos culpables. A grandes rasgos la prevención tendría que organizarse en el seno de todas las instituciones rumanas, empezando por el sistema educativo, el único capaz de trasmitir una educación adecuada y de lograr que los niños encuentren un trabajo de verdad. Sin embargo, el sistema hace aguas. El colegio, por ejemplo, solo es gratuito en teoría. Las familias tienen que asumir el gasto de libros, cuadernos y uniformes, y para algunas es demasiado. Por no hablar de la política de regalos a los profesores, en teoría con el fin de compensar sus bajos salarios. En Rumanía el 8 de marzo, el día internacional de la mujer, se ha convertido en toda una institución en los colegios: ese día los padres hacen regalos a los profesores de sus hijos. En los institutos se realizan colectas para comprarles cosas más grandes. Dado el número de profesores por alumno en la enseñanza secundaria, el gasto es desorbitado. La moda de las clases de refuerzo también ha hecho estragos. En concreto, aprobar cuarto depende de un examen muy importante, y para conseguir superarlo se recomienda vivamente tomar clases de refuerzo con los profesores del instituto, que son los primeros en fomentarlas: no es extraño ver cómo las notas caen bruscamente a lo largo del año y suben en cuanto el supuesto mal estudiante se apunta a las clases de refuerzo. A 300 leis[19] la hora semanal (que hay que multiplicar por el número de profesores), la cuenta se dispara...

Por otra parte, el sistema no fomenta la escolarización, que, sin embargo, en teoría es obligatoria. De este modo, si un niño no va al colegio durante más de dos años seguidos, no se le consiente reintegrarse en el sistema escolar. Por último, la educación en casa no está permitida. Eso podría solucionar el problema de mis chicas, al menos de las que prefieren renunciar al colegio por no salir del albergue. Sin educación no hay futuro: los adolescentes desescolarizados no reciben ninguna formación y se ven en la tentación de aceptar el primer trabajo que pillan...

El papel de la escuela es tanto más fundamental cuanto más jóvenes son las víctimas del tráfico sexual. Cuando abrí mi centro de acogida el 20 por ciento de las chicas eran menores, mientras que el 80 por ciento superaban los diechiocho años. Hoy por hoy la proporción se ha invertido. Vemos por las esquinas a chicas de 12 haciendo la calle. La última que ha llegado al centro, Ruxandra, tiene 14. ¿Cómo puede alguien prostituir a chicas de esas edades? Hace unos años acogí a una chiquilla de 13 años: una auténtica belleza... Era su madre quien la prostituía: vestía de negro a la niña para que pareciese mayor y la vendía al mejor postor en distintos pisos que poseía en un mismo bloque. ¡Renovaba sus bienes inmuebles con el dinero que ganaba a expensas de la niña!

Y es que, así y todo, los tabúes son duros de pelar en nuestro país: a la clase política le cuesta reconocer que sea tan fácil poner a una niña a hacer la calle. En 2007 un periodista británico realizó un documental sobre el tráfico sexual en Rumanía, Hungría y la República Checa. Haciéndose pasar por compra-

---

19. Unos setenta y cinco euros.

dor, se infiltró en varias organizaciones, en Iasi, una ciudad al norte de Rumanía en la frontera con Moldavia. Consiguió comprar a una chica de 16 años, Anca, a la que llevaban prostituyendo desde los 9. Como no sabía qué hacer con ella, me contactó para pedirme que la acogiese. Al cabo de tres semanas Anca me dijo que no estaba hecha para esa vida, que prefería vivir con una amiga en Iasi. Le compré un billete de tren y le supliqué que mantuviese el contacto conmigo. Le pedí asimismo a la policía de Iasi que la protegiese. En vano. Durante unos meses Anca me llamó con regularidad. Había dado a luz al bebé que estaba esperando y todo le iba bien. Pero luego, de la noche a la mañana, nunca más supe de ella. La única vez que volví a verla fue en televisión: respondía a las preguntas de un periodista rumano; decía tener 29 años y afirmaba que el reportero inglés se la había llevado de allí contra su voluntad. Respuestas que le habían dictado, ni que decir tiene… Si bien la difusión del documental británico originó una serie de arrestos en Hungría y en la República Checa, ¡la policía rumana no tuvo nada mejor que hacer que denunciar al director por secuestro! Este último, que había grabado con cámara oculta a los traficantes que salían en su documental, se mostró dispuesto a hacer una declaración oficial. En su país recibió amenazas de muerte y tuvo que ser puesto junto con su familia bajo protección policial. La Unión Europea, sobrecogida, pidió explicaciones a nuestra Agencia Nacional de Prevención del Tráfico de Personas sobre su extraña actitud. Los responsables rumanos tuvieron que comparecer ante una comisión especial. Al final los cargos por secuestro fueron retirados. En realidad lo que pasaba era que Rumanía, recién entrada en Europa, no quería reconocer el problema de la prostitución infantil dentro de sus fronteras. Estamos hablando de hace tres años…

150

Periodistas lacrimógenos

*E*l reportero británico no es el único, ni mucho menos, que se ha infiltrado en el mercado del sexo. A lo largo de los últimos años una bandada de periodistas extranjeros ha caído en picado sobre Rumanía para investigar de forma encubierta. Tal fue el caso, a principios de 2005, de Peter van Sant, un periodista de la cadena estadounidense CBS. Para montar la operación reclutó en Bucarest a dos reporteros del Centro Rumano de Periodismo de Investigación, Paul Radu y Daniel Neamu: se harían pasar por intermediarios e intérpretes, mientras que él interpretaría el papel del extranjero que busca una chica para comprar. Los tres, pertrechados de micros y cámaras ocultas, recorrieron de arriba abajo un barrio cercano al centro, el de Matasari, para hacer contactos con distintos traficantes. Allí el comercio de la carne es especialmente boyante, basta con dirigirse a la fauna sospechosa de la esquina:

—Estoy buscando a una chica, menor a ser posible.

Desde el taxista de turno a cualquier transeúnte, todo el mundo sabe dónde conseguir una. Los tratos se hacen en el exterior, a menudo incluso en presencia de los policías que patrullan la zona, la mayoría untados. Paul y Daniel habían estado varios meses investigando por cuenta de la organización internacional IWPR[20] y ya se conocían bastante bien el terreno. To-

20. Institute for Women's Policy Research.

dos los proxenetas con los que se habían cruzado tenían chicas en venta. Por supuesto se plantearon qué hacer con la chica una vez que la comprasen. Al principio Peter tenía pensado mandar de vuelta a sus casas a las muchachas que pudiesen salvar a lo largo de su misión como infiltrados. Paul, sin embargo, le convenció de que esa opción no era factible: el primer reflejo del traficante sería plantarse en casa de la chica para volver a ponerle las garras encima. Me contactaron entonces y acepté recoger a todas las chicas que comprasen. A finales de enero los tres pudieron por fin cerrar un trato con un hombrecillo barbudo que se hacía llamar el Enano y que gestionaba el negocio junto a su mujer. La pareja los recibió una primera vez en un edificio antiguo de elegante fachada y les enseñó a varias chicas, jactándose de los méritos de cada una:

—Esta goza de buena reputación y no está enferma.

—Esta tiene unos pechos muy firmes. Dile a tu amigo que le toque la delantera. Mira, mira: ni una cicatriz.

Como muchos traficantes el Enano desnudó a las adolescentes para que el vendedor comprobase que no tenían marcas en el cuerpo. Los periodistas intentaron abreviar el ritual y el Enano echó a las chicas para hablar en privado. Respondió a todas las preguntas de los periodistas, que se presentaban como novatos en materia de trata de mujeres:

—Nosotros estamos empezando. ¿Tú nos podrías decir cómo hay que tratar a la chica?

—Es muy sencillo: dile a tu amigo americano que lo único que tiene que hacer es darle de comer. Ante todo, que la encierre en un piso y que no la deje salir a solas. A mí nunca me han dado problemas, no hay razón para que él los tenga.

—¿Y si la policía le pregunta por ella?

—Pues responde que tiene dieciocho años y que acaban de robarle los papeles.

Los periodistas se despidieron para regresar unos días más tarde con el dinero. Esa noche el Enano no tenía chicas en venta, de modo que los llevó al piso de un tal Buric. El individuo estaba tirado en su sofá, completamente entregado a la heroína. También él trabajaba con su mujer, quien, con un bebé en los brazos, conversó con los visitantes con toda la naturalidad del mundo:

—Ahora la cosa está fatal con tanta competencia. Nos han invadido las ucranianas, que son más caras, pero también más guapas, con unas piernas muy largas. Así que ya nadie quiere a mis chicas. El negocio se resiente.

En estas, la *madame* se fue a buscar a una chica al piso de arriba. Ya en el salón la empujó bruscamente hacia la lámpara.

—Aquí la tenéis, diecinueve años.

Pese a la minifalda y a los tacones, la muchacha tendría como mucho 16.

—¿Cómo se llama?

—Elisabeta. Bueno, ¿la queréis o no?

—Sí, sí…

—No es mala, pero os aviso: come mucho.

—No lleva medias… ¿No tendrá usted un chaquetón para dejarle? Fuera hace cinco grados bajo cero.

—¿Un chaquetón? ¿Y con qué dinero quieres que le compre un chaquetón? No te preocupes, está acostumbrada.

—Muy bien, aquí tiene los mil euros, como quedamos.

—¡Ah, no, no, no! Mil euros eran con el Enano. Con nosotros son mil ochocientos.

—Ah… Bueno… Vale.

A los tres periodistas no les extrañó el repentino encarecimiento: el traficante debía de imaginar que sus compradores iban a pasar a la joven al extranjero; una chica exportada es más cara, evidentemente. Elisabeta los siguió hasta el coche sin rechistar, resbalando a cada tanto sobre la acera nevada. En el interior del coche se le desató la lengua:

—¿Qué vais a hacer conmigo? ¿Me vais a devolver luego a Buric?

—No, no, no volverás ahí nunca más.

—¡Menos mal! No quiero volver. En Nochevieja me encerraron desnuda en la caseta del perro, fuera. Se pasan el día pegándome. Me han dado hasta cuchilladas. ¡Mirad! —dijo mostrando en la barriga unas laceraciones que todavía no habían cicatrizado.

153

—No te preocupes, te vamos a llevar a un sitio donde cuidarán de ti.

Los periodistas cogieron la carretera de Pitesti. Por el camino Elisabeta, todavía asustada, siguió bombardeándoles a preguntas.

—Me voy a casar con uno de vosotros, ¿no es eso?

—No, no te vas casar con nadie, tú tranquila.

—Pero no me vais a llevar de vuelta, ¿verdad? Hace un año que no salgo del piso…

Daba igual lo que le dijesen, Elisabeta se negaba a creerles. Peter detuvo el coche en la autovía para poder entrevistarla antes de confiármela. Cuando salió del coche para ir a buscar la cámara al maletero, Elisabeta, que estaba sentada delante, se deslizó hasta el asiento trasero. Paul, que hacía de intérprete, le preguntó:

—¿Qué haces, Elisabeta?

—El asiento de atrás es más práctico para el sexo.

—¿El sexo? ¡No, Elisabeta, esta gente no quiere sexo!

—Entonces, ¿para qué me han comprado?

—¡Para devolverte la libertad, eso es todo!

—¿No quieren acostarse conmigo? No les gusto, ¿verdad? Diles que haré todo lo que me pidan. Que seré una buena chica, lo prometo.

—Claro que eres una buena chica, pero esta gente no son ni traficantes ni clientes. Son periodistas. ¿Lo entiendes?

—No lo entiendo. Soy una buena chica, no causaré problemas.

Completamente desorientada, Elisabeta repetía la misma frase una y otra vez. Paul tuvo que armarse de paciencia para explicarle que no tenía nada que temer de ellos, que ya no volvería a prostituirse, que la estaban llevando a un centro de acogida donde una señora cuidaría de ella. Peter, de vuelta en su asiento, dirigió su objetivo hacia Elisabeta y sacó un primer plano de la cara. Cuando la luz roja del visor se encendió, el periodista, micrófono en mano, le preguntó con grandilocuencia:

—Elisabeta, ahora eres libre. ¿Puedes decirnos qué sientes en estos momentos?

La joven se volvió hacia Paul para que le tradujese la pregunta, que no pareció calar mucho ella, pues se limitó a repetir con cara de loca:

—Seré una buena chica, haré todo lo que queráis.

Paul intentó explicarle una vez más lo que hacía en ese coche, pero sus palabras parecían sumir a Elisabeta en una confusión absoluta. El periodista tiró la toalla y decidió abandonar toda idea de entrevista. ¿Qué se creía? ¿Que Elisabeta se iba a echar a llorar y a agradecerle que le hubiese salvado?

Paul me contó todo esto más tarde, ya en el albergue. Llegaron a medianoche. Elisabeta, una chica bajita con el cabello rubio y corto y unos ojazos azules inquietos, estaba dando cuenta con gula de un enorme Big Mac. Se habían parado poco antes en una gasolinera para comprarle «todo lo que quisiese».

—¿Todo lo que quiera, de verdad? —había preguntado Elisabeta con incredulidad.

Radiante por aquel golpe de suerte, pidió chocolatinas, refrescos y... una marca desconocida de tabaco; era evidente que no fumaba, pero sintió la necesidad de poner a prueba la buena voluntad de sus supuestos salvadores. Esperé a que se terminase la hamburguesa para presentarme y hacerle algunas preguntas. Me contó que su familia había tenido problemas en Timisoara, que la habían separado de su hermano y de sus padres y que vivía en la calle desde hacía años. Me enseñó asimismo las marcas de cadenas todavía visibles en su cuerpo.

—Buric y su mujer se pasaban el día pegándome —me repitió.

Ante la cara de perplejidad de los periodistas, creí oportuno explicar:

—Es posible que esté exagerando su historia pero es de lo más normal. Le ha mentido tanta gente y se ha aprovechado de ella... Necesita pruebas de nuestra sinceridad antes de confiar en nosotros. Sin embargo, si bien a veces mienten sobre su pasado, suelen decir la verdad en lo referente al calvario que han sufrido durante la prostitución. Su cuerpo habla por ellas.

Enseguida comprendí que Elisabeta padecía un retraso mental. Además, le costaba entender que aquellos periodistas

155

la hubiesen liberado. La cámara, no obstante, seguía hasta el más mínimo de sus movimientos. Aquel ensañamiento me incomodaba sobremanera: liberar a una víctima del tráfico sexual está bien, hacerlo metiéndole dinero en el bolsillo a un tratante es más discutible, pero aprovechar la situación para exprimir como un limón a una chiquilla ya rota yo lo llamo explotación. Si realmente al tal Peter le preocupaba la suerte de la chica, no tenía más que llamar a la policía. Al fin y al cabo, las imágenes que había grabado en cámara oculta suponían todo un arsenal de pruebas, las suficientes para que un fiscal ordenase una detención. Eso sí, es mucho menos espectacular que comprar una chica y grabarlo todo en vivo y en directo…

Con el objeto de completar su documental —cómo no—, Peter me haría unas preguntas. Quiso entrevistarme en un enclave emblemático de Rumanía para imprimirle más fuerza a su discurso. Regresamos pues a Bucarest, donde Peter plantó su cámara delante del Athénée Palace, un histórico hotel de lujo del centro. Mirando de frente a la cámara, Peter presentó la secuencia en tono melodramático:

—Aquí estamos delante del Athénée Palace, en pleno corazón de la capital de un país europeo. Ayer, a solo unos pasos de aquí, compramos un ser humano. Estamos en el siglo XXI, ¿cómo puede pasar algo así? Iana Matei, ¿qué opina de todo esto?

—Pues no lo sé, me lo tendría que decir usted. Es propietario de una chica, ¿cómo se siente?

—Ehh… ¡Corten! Iana, esa no era la respuesta que esperaba, la verdad.

—¿Ah, no?

—Iana, por favor…

—Vale, vale…

—Muy bien, otra vez.

Al final hice lo que se esperaba de mí. En apenas unos minutos mi respuesta comodín estaba en la lata. Antes de despedirme quise asegurarme de que el asunto no acabaría ahí.

—¿Y ahora qué tenéis pensado hacer?

—Volveremos a Estados Unidos y lo montaremos allí.

—No, me refiero a: ¿qué vais a hacer con los traficantes de Elisabeta?

—¿Qué quieres decir?

—¿Vais a contactar con la policía?

—Claro, sí, es la idea. Les contaremos todo lo que sabemos de esos tipos, por supuesto. Y luego regresaremos dentro de unos meses para grabar una especie de continuación del documental.

Una semanas después de su partida recibí una llamada de un agente de policía de Bucarest. Al parecer el documental estadounidense se había difundido y retransmitido en Rumanía a través de una cadena por cable. Al ver las imágenes algunas personalidades de arriba se habían caído de las nubes. El agente que me llamó, conminado a rendir cuentas, estaba visiblemente disgustado.

—¿Se da usted cuenta de que la han convertido en cómplice de un crimen? ¡Esos periodistas compraron a una chica, se la llevaron a usted y nadie creyó oportuno informar de ello a la policía!

—¡Pero me prometieron que lo harían!

—¿Reconoce usted los hechos?

—Estaba al corriente, sí.

—Entonces, ¿por qué no nos dijo nada sobre el traficante?

—No es mi trabajo. Mi trabajo es dar un techo a unas chicas en peligro. Fueron esos periodistas de la CBS los que investigaron, ellos tendrían que habérselo contado.

—Pero usted puede ayudarnos: seguramente esa chica, Elisabeta, tiene datos capitales que debemos conocer.

—Por desgracia Elisabeta no está en posición de ayudarles. Es una chica con cierto retraso mental que apenas comprende lo que le ha pasado.

—Muy bien, pero sigo sin entender por qué no se ha molestado usted en avisarnos.

—Estaba convencida de que los periodistas estadounidenses ya lo habían hecho…

Supe por Paul que la policía también había sometido a los dos periodistas rumanos al tercer grado: en el documental se les veía claramente haciendo de intermediarios entre los traficantes y los «compradores». Paul estaba furioso con Peter, que no había dado parte a la policía tal y como había prometido. Cuando Paul vio el documental también constató con pavor que el montador había olvidado taparles las caras. Si el traficante veía esas imágenes, quién sabía qué clase de represalias podía tomar…

Como había previsto, seis meses después Peter y su equipo regresaron a Rumanía para grabar la continuación, que giraba en torno al tema: «¿Qué ha sido de ellos?». La idea era enfrentar al traficante al que habían engañado con las imágenes grabadas por la cámara oculta. Así y todo, antes quería ver a Elisabeta e intentar de nuevo recoger sus impresiones. Por teléfono no oculté mi descontento:

—Peter, ¿sabes que nos has metido en un buen lío?

—Lo siento, Iana. Nuestra intención era ir a la policía pero en el último momento cambiamos de opinión, teníamos miedo de meternos en problemas.

158

Cuando Peter llegó al albergue Elisabeta y yo estábamos haciendo tortitas en la cocina. La chica lo saludó efusivamente:

—¡Buenas! Yo sé quién es usted: usted me trajo aquí, ¿verdad?

Alentado por aquel buen comienzo Peter desenfundó el micro en el acto:

—¡Elisabeta, muy buenas! ¿Cómo te ha ido desde la última vez que nos vimos?

—Muy bien.

—Elisabeta, vamos camino de Bucarest. Dentro de unas horas nos citaremos con los verdugos que te explotaron. ¿Quieres que les transmitamos algún mensaje de tu parte?

—¡Ah, sí! Dígales de mi parte que me devuelvan mi pantalón negro, que me lo dejé allí.

Peter se quedó de piedra. Sin duda esperaba una salida más melodramática, del tipo: «¡Dígales que me gustaría verles pudrirse en el infierno! ¡Dígales que por fin soy libre, gracias a gente como usted!».

Tuve que aguantarme la risa ante la cara atónita del periodista estadounidense. El reportero tuvo buen perder y, entre risas, decidió guardar el micro: había comprendido que no iba a sacar nada en limpio de la joven. ¡Estaba tan contenta por la respuesta de Elisabeta! Era una adolescente muy tranquila, más bien dócil, pero bajo su apariencia educada e ingenua era bastante intuitiva. En cierto modo me di por vengada de las derivas lacrimógenas de la mayoría de la prensa cuando se trata de abordar el tema del tráfico sexual. No tengo nada en contra de sus métodos de infiltración, salvo que de paso enriquecen a unos desgraciados. Lo que más me cabrea es su forma de hacerse los héroes, con el pretexto de que han librado a una chica de las garras de los criminales. ¿De qué vale gritar que viene el lobo si no se hace nada por atraparlo? Es siempre la misma historia: cada vez que leo un artículo sobe el tema, tanto en la prensa rumana como en revistas extranjeras, el enfoque es miserabilista. Los periodistas que entrevistan a prostitutas quieren conocer los detalles más sórdidos:

—¿Por cuánto te vendieron? ¿Cuántos clientes has tenido? ¿Con cuántos hombres tenías que acostarte cada noche? ¿Cuánto te pagaban por una felación? ¿Tenías miedo? ¿Cómo te obligaban a prostituirte? ¿Te pegaban? ¿Te han violado? ¿Cuántas veces? ¿Te dolía? ¿Sangraste? ¿Tienes cicatrices?

Ese sensacionalismo me da ganas de vomitar. ¿Por qué no dejan en paz a las chicas? Son jóvenes que han conocido un infierno. La mayoría de las veces son incapaces de descifrar lo que les ha pasado, el mecanismo fatal que ha destruido sus vidas. Para todas supone un suplicio tener que rememorar esos detalles terribles. No quieren por nada del mundo que la gente se entere de lo que les pasó. No tienen necesidad alguna de la piedad de los lectores, y menos aún de los juicios insidiosos de los que solo ven en ellas a «pobres chicas», sobreentendiendo que los traficantes únicamente escogen a personas perdidas, ingenuas y poco rebeldes.

Desde hace 10 años lo único que hacen es recurrir a la lágrima fácil sin abordar a fondo el asunto. ¿Ha disminuido el tráfico sexual? ¡En absoluto, todo lo contrario! ¿Para qué tanto hablar de las chicas si lo que hay que hacer es centrarse en los traficantes? ¿Por qué acomodarse en el sensacionalismo en vez de hacer periodismo de investigación? ¿Para cuándo una investigación de verdad sobre el modus operandi de esos canallas? Que me enseñen sus caras, sus casas, sus coches y todo lo que compran con el dinero del sexo. Que les graben embolsándose los billetes, que calculen sus fortunas, que sigan sus idas y venidas, que descubran sus escondrijos y sus contactos. Pienso en esos reporteros que quieren saber si el precio de una chica se fija en función de su aspecto físico o de sus aptitudes sexuales. No hablamos el mismo lenguaje, está claro. En Rumanía se venden chicas a partir de diez leis.[21] Para entendernos, eso quiere decir que cualquiera puede darle una torta a una chica y obligarla a seguirle para luego dejarla en manos de un pequeño traficante por menos de tres euros. Ese pequeño traficante la revenderá a otro por el doble..., y sigue contando. En el caso de una chica explotada en Rumanía el precio puede subir hasta los 5.000 leis.[22] Si tiene que pasar la frontera estaríamos hablando de entre 800 y 2.000 euros para el comprador. ¡2.000 por tener derecho de vida y de muerte sobre un ser humano no está nada mal! Tanto más en cuanto que la inversión se cubre inmediatamente. En una noche una chica puede reportarle a su chulo 500 dólares. Y sus aptitudes sexuales no tienen nada que ver: depende solamente del número de clientes que le imponga el proxeneta; y cuando no aguanta ya el ritmo la sustituye, es así de sencillo. La esclava sexual es una mercancía perecedera, aunque fácilmente reemplazable.

Lo que hay que investigar es el modelo económico en su conjunto, no la materia prima. En Rumanía a los periodistas solamente les interesan los aspectos sórdidos del sistema: es lo que vende. En el resto de Europa a los gobiernos les preocupa más la necesidad de cortar el flujo de inmigrantes rumanos que la de ocuparse de las esclavas sexuales. Por otra parte, los prejuicios contra los gitanos, profundamente arraigados en el

21. Menos de tres euros.
22. Unos mil doscientos euros.

imaginario popular y transmitidos a diario por los medios bajo la rúbrica de sucesos, suelen confundir. Las expulsiones de gitanos llevadas a cabo por varios países de Europa occidental solo han conseguido estigmatizar aún más a todos los rumanos. ¿Prostitutas rumanas? ¡Gitanas, como todas! ¿El tráfico sexual? ¡Un problema de gitanos! ¡Que esos ladrones y liantes laven sus trapos sucios en casa! Este racismo es un problema apremiante en todos los sentidos. Como prueba, valgan las dificultades que se encuentran numerosos trabajadores sociales de ONG con las que colaboro: según ellos, por ejemplo, a una inmigrante rumana le resulta más difícil obtener una cita médica en una institución de la seguridad social que a cualquier chica de otra nacionalidad.

En realidad los gitanos suelen estar en el centro del problema del tráfico sexual, pero rara vez como víctimas. Un día una organización internacional dedicada a la lucha contra la trata de seres humanos me contactó para poner en marcha un programa de información sobre la discriminación que sufren aquellos. Le pedí a mi interlocutora que precisase los términos:

—¿Qué entiende usted por «la discriminación que sufren los gitanos»? ¿De qué gitanos me habla?

—Le hablo de las víctimas del tráfico: hay que explicar al gran público que las chicas gitanas vendidas como prostitutas son tan víctimas como las demás —me respondió.

—¡Pero eso es falso!

—¿Perdón?

—Sí, es falso: hace doce años que trabajo con víctimas del tráfico sexual y le puedo asegurar que puedo contar con los dedos de una mano a las chicas gitanas que he acogido. ¡Son los traficantes los que son gitanos!

La señora se cayó del guindo. Sin embargo no me estoy inventando nada. Basándome en mi experiencia puedo llegar incluso a afirmar que el 80 por ciento de los tratantes rumanos son gitanos. Lo sé, no queda bien decirlo, pero por desgracia es un hecho. Y cuidado, no tengo nada en contra de los gitanos y, evidentemente, no estoy diciendo que todos sean tratantes. Solo constato que la mayoría de traficantes lo son, aunque a la hora de defender a las minorías étnicas no es políticamente correcto decirlo. Los medios europeos hablan el mismo lenguaje estereotipado y rara vez distinguen entre un rumano y un rumano de etnia gitana cuando se aborda el tema del tráfico sexual. Incluso en Rumanía la policía se niega a admitirlo. Prácticamente en todos los casos las chicas que acojo han sido vendidas por gitanos a otros gitanos: tanto familias como bandas enteras implantadas en varios países europeos. ¡La de policías que se han escandalizado cuando les he dicho eso!

—No, Iana, no puede usted decir eso, no hay ninguna estadística oficial que permita corroborar ese porcentaje.

¿Cómo llegar al fondo del problema si ni siquiera se quiere mirar de cara la realidad? Es sabido por todos: las historias de gitanos no interesan a nadie. Que arreglen sus problemas entre ellos, piensa la mayoría de la gente… En vez de abordar el verdadero problema los medios prefieren recrearse en detalles escabrosos para conmover a las masas. Tras recibir el Reader's Digest Award tuve llamadas de periodistas de todas las nacionalidades para venir a hacer un reportaje sobre mi trabajo en el albergue. El descaro de algunos me dejó fría:

—Señora Matei, llegamos mañana. Pasaremos a verla a su albergue y nos gustaría hablar con algunas chicas.

Ellos lo daban por hecho. Ni siquiera preguntaron si era posible entrevistarse con ellas ni contemplaron ni por un segundo la posibilidad de que las chicas no estuviesen de acuerdo. Tuve que poner los puntos sobre las íes con rotundidad: igual que no dejo que los policías interroguen a mis protegidas sin su consentimiento, tampoco dejo que un reportero se acerque a las chicas sin haberles pedido antes su opinión. Tal y como había previsto, ninguna quiso responder a sus preguntas. ¡Señores periodistas, por favor, apiádense de las chicas y déjenlas en paz! ¡No las obliguen a revivir ese calvario con el único fin de satisfacer los instintos sensacionalistas del gran público! ¡Déjenlas reconstruir sus vidas! Díganselo y repitan conmigo: hay que acosar a los traficantes, no a las víctimas.

(In)justicia rumana

*D*e las más de cuatrocientas chicas que he acogido casi todas han sido llamadas a testificar por un tribunal, tanto en Rumanía como en el extranjero. El juicio más largo fue el entablado contra el clan de Ioan Clamparu, apodado Papá o, peor aún, Cabeza de Cerdo. Considerado aún hoy como «uno de los mayores traficantes de seres humanos del mundo» por la Guardia Civil española, Clamparu vendió a cientos de rumanas por Europa, en particular en España e Italia, donde se inspiró en los métodos de su ídolo Al Capone para establecer su régimen de terror.

Durante tres años multipliqué mis idas y venidas con tres de mis protegidas entre Pitesti y la ciudad de Sibiu, donde se celebraba el juicio. Las dos primeras, Stela y Mirela, de 17 y 19 años respectivamente, tuvieron, dentro de su desgracia, una suerte increíble. Encerradas juntas en un piso, consiguieron escaparse y llegar al puesto de policía más cercano. Los agentes les tomaron declaración y dejaron marchar a las chicas, que fueron a esconderse al pueblo de la abuela de Stela.

Al día siguiente los reclutadores de Clamparu las estaban buscando en casa de la anciana: era evidente que se había producido una filtración de la policía. Stela y Mirela fueron llevadas a Hungría, donde las encerraron una vez más, en esta ocasión en casa de la hermana de Clamparu, también ella *madame*. Sabiendo lo que les esperaba, las astutas prisioneras convencieron a la mujer de su buena voluntad:

—Mire, ¿para qué quedarnos aquí de brazos cruzados cuando podríamos estar ganando dinero ahí fuera?

Una hora más tarde la *madame,* que no se creía su suerte, las mandaba a hacer la calle. Stela y Mirela se escaparon en el acto. Sin un céntimo en el bolsillo, hicieron autoestop hasta la frontera húngara, recorriendo a pie bajo un auténtico chaparrón los siete últimos kilómetros. Una vez allí se encargó de ellas la policía de fronteras, que me llamó para que fuese a buscarlas.

Oana, la tercera de las chicas, tampoco salió tan mal parada dadas las circunstancias. También ella era de cerca de Sibiu. Sus padres habían recogido a un niño que se había quedado huérfano; cuando se hizo mayor el tipo convenció a la madre de Oana para que mandase a su hija a España en busca de trabajo. La madre sabía que a veces las niñas acababan haciendo la calle, pero tenía una confianza ciega en su pupilo:

—He escuchado tantas historias horribles… Cuidarás bien de mi niña, ¿verdad?

—No te preocupes, no la perderé de vista.

En el aeropuerto el «amigo» confió a la joven de 24 años a otro hombre. Ese reclutador trabajaba para uno de los dos lugartenientes de Clamparu. Oana no desconfió.

—Oana, mira, un amigo. Vas a viajar con él. Nos veremos en España.

Ya os he contado antes lo que sigue: la llegada a Madrid a un piso ocupado por dos *madames,* la confiscación del pasaporte y la visita al famoso aparcamiento de la Casa de Campo, su nuevo lugar de trabajo. En un principio Oana, conmocionada y todavía bajo los efectos de las bofetadas magistrales que le habían propinado sus carceleras, se vino abajo: se lo habían dicho, empezaría al día siguiente. Por la noche, de regreso al piso, la joven recobró valor. Para ahuyentar la desconfianza de sus carceleras, fingió interesarse por aquella actividad lucrativa, preguntando cuánto ganaban por noche e incluso pidiéndoles consejos y trucos. Cuando se durmieron, Oana se levantó sin hacer ruido y se vistió en la oscuridad. Muy despacio abrió el cajón de la mesita de noche en la que había visto desaparecer su pasaporte. Entre sus papeles encontró un fajo de 800 euros. Vaciló, pues le daba reparo robar el sueldo de otra chica, pero al final decidió cogerlo: iba a necesitar dinero para volver a Rumanía, no tenía alternativa. Encontró las llaves del piso, abrió la cerradura de la puerta muy lentamente y se fue corriendo. A primera hora de la mañana ya se las había arreglado para encontrar la embajada de Rumanía, donde relató su historia. El agente que la atendió la despachó sin muchos miramientos:

—Bueno, ¿y qué? Al final no le han hecho nada, ¿no? Pues entonces no es problema nuestro.

Sin pedir más explicaciones saltó a un taxi para ir al aeropuerto, donde pidió «un billete para Rumanía». Esa misma noche estaba de vuelta en Bucarest, y con dinero para sus gastos, sin haber trabajado ni una hora. Fue directamente a la policía, que le tomó declaración y me llamó para confiármela. Dos días después unos hombres con aspecto patibulario se hacían los matones en casa de la madre de Oana: si no les decía dónde se escondía su hija, la matarían. El robo de los 800 euros les había sentado como una patada, estaba claro… A tenor de los hechos el juez encargado del caso se tomó muy en serio las amenazas e incluyó a Oana y a su familia en el programa de protección de testigos.

Clamparu, el cabecilla de la red, nunca ha sido atrapado. Por contra, sus principales lugartenientes, así como varios reclutadores —entre los cuales se contaban los de Stela, Mirela y Oana— serían inculpados durante los meses que siguieron. El juicio arrancó en 2005, en Sibiu, a 200 kilómetros al norte de Pitesti. En total tenían que testificar seis chicas: tres de mi albergue y otras tres de la ciudad de Sibiu. La primera vez que el juez y los abogados me vieron aparecer en la sala de la audiencia, el letrado de los acusados se mostró muy agresivo:

—¿Quién es esa señora y qué está haciendo aquí?

Con una mirada la jueza me invitó a responder.

—Soy Iana Matei, presidenta de la ONG Reaching Out para la protección de las víctimas del tráfico sexual. Asisto a la testigo tal y como la ley lo autoriza.

Sin cortarse un pelo el abogado replicó:

—¿Tiene usted un poder?

—Sí... Espere un segundo...

Me volví para pedirle a una mujer de entre el público que había sentada detrás de mí que me diese un papel. A mano garabateé apresuradamente: «Reaching Out otorga el poder a Iana Matei para asistir a la persona que responde al nombre de Stela ante el tribunal, etc.». Un sellito del tampón de la asociación que siempre llevo en el bolso y la jugada estaba hecha.

—¡Ya está! —dije mostrando mi hoja con una sonrisa socarrona.

La jueza aceptó el papel sin mediar palabra y la audiencia prosiguió. Era estúpido querer meterme palos entre las ruedas. Nunca tendrían que haberme obligado a presentar un poder. Desde luego al abogado de un traficante le interesa aislar a la testigo: cuanto más frágil se encuentre, menos resistencia opondrá ante la presión. Resulta muy fácil desmoralizar a una exprostituta en un tribunal. En los casos difíciles suelo pedirle a la policía que nos escolte hasta el interior del juzgado, donde no se prevé ningún cinturón de seguridad aunque haya menores implicadas. Como todos los casos suelen juzgarse en el mismo sitio, los pasillos están siempre abarrotados. A las puertas de la sala de la audiencia las víctimas se topan con los traficantes y sus acólitos. Esa cercanía aterra a las chicas: nunca se sabe qué pueden llegar a hacer los traficantes para intentar intimidar a las testigos...

Por esa razón mi presencia al lado de las chicas es primordial. El miedo, la vergüenza por tener que contar su calvario en público, la angustia por equivocarse al responder, el horror de tener que volver a ver a los que las torturaron... La mayoría de las veces se quedan literalmente paralizadas cuando se sientan en el banquillo de los testigos. Me mantengo a su lado durante todo el juicio, no las pierdo de vista. Tienen que saber que no están solas, que las apoyo, pase lo que pase. Encontrarse cara a cara con su verdugo les supone una auténtica prueba de fuerza. Para estas chicas, que han de vérselas con las mentiras de los traficantes, con la incredulidad de los policías y con la indiferencia de los jueces, soy la única persona en la que confían.

Stela, precisamente, no podía estar más nerviosa aquel día; sabía que el interrogatorio no sería un camino de rosas. Siempre me cuido de preparar a las chicas con el abogado que trabaja para Reaching Out para que sepan lo que les espera en el tribunal: las preguntas trampa, la precisión de los detalles que se les piden, la brutalidad de los abogados de la acusación. Algunos jueces llaman al orden a los que van demasiado lejos, pero los abogados son arrogantes, no tienen escrúpulos y no dudan en discutir con el juez para hacerle entrar en razón.

—Ya verás como el abogado del traficante se atreve a preguntarte si te prostituías antes de que te mandasen a Hungría. Va a intentar que confieses que lo hacías por dinero, que nadie te obligaba. Insinuará incluso que alguien te ha visto por la calle captando clientes. No dejes que te desmoralice. Es probable que haya varios abogados defendiendo a los acusados. Repetirán lo mismo, intentarán que te vengas abajo. También procurarán desestabilizarte haciéndote preguntas traicioneras. En eso consiste su trabajo; están ahí para dar una buena imagen del traficante. Insinuarán que buscabas trabajo, que estabas dispuesta a hacer lo que fuese por ganar dinero, que el tratante te hizo un favor, que quería ayudarte. No hagas ningún comentario. Digan lo que digan no les mires nunca a los ojos, ni mires tampoco a los traficantes. Antes de responder a una pregunta, mira siempre al juez: él te dirá si debes responder o no.

Justo antes de la audiencia le di a Stela la pastilla que presento a todas las chicas como «el medicamento más eficaz contra el estrés». En realidad son vitaminas, ni más ni menos, pero por lo general mi método placebo obra milagros. Ante la jueza Stela tuvo un comportamiento ejemplar. La vi vacilar un par de veces pero supo mantener la calma y respondió a todas las preguntas. Al final del interrogatorio, cuando la jueza le preguntó si quería añadir algo más, Stela sacudió la cabeza y respondió con rotundidad:

—No, he acabado. Y ahora me gustaría irme, por favor.

Pálida como la muerte, salió de la sala apresuradamente. La seguí, un tanto preocupada. Una vez fuera corrió a los servi-

167

cios, donde tuvo el tiempo justo para inclinarse sobre la taza del váter y vomitar. El estrés acumulado había podido con ella…

Con Oana fue un poco distinto. Al ser beneficiaria del programa de protección de testigos, su anonimato debía preservarse. Todos los datos personales referentes al testigo se conservan en un sobre sellado en la oficina del fiscal. El testigo declara bajo otra identidad, en una sala distinta del tribunal; sus palabras se graban y se retransmiten a tiempo real en la sala de la audiencia mediante una cámara. Oana, con el pelo remetido bajo una gorra, la voz deformada por un distorsionador y la luz por detrás para aparecer a contraluz, estaba irreconocible. En el banquillo de los acusados el reclutador que la había llevado a España nunca podría identificarla. Yo estaba con ella en el otro cuarto, tal y como me autorizaba la ley, y además nos acompañaba un policía. Cuando el abogado del traficante tomó la palabra para empezar el interrogatorio, siempre a través de la cámara, su cliente le interrumpió, lo cual exasperó a la juez:

—¡Un minuto, por favor! ¿Por qué no deja que su abogado hable por usted?

Este último pleiteó:

—Dado que está directamente implicado, mi cliente se encuentra más capacitado que yo para hacer las preguntas, Su Señoría.

—Muy bien, prosiga.

Mal empezábamos: ¿cómo podía la jueza permitir aquello? El traficante continuó. Al escuchar su voz Oana se echó a temblar de arriba abajo. Desde las primeras preguntas me di cuenta de que había algo que no cuadraba.

—¿Insinúa usted que yo la llevé a España?

—Sí.

—¿Con cuántas chicas iba?

Completamente aterrada Oana me miró con cara de no saber qué responder. La pregunta tenía un único objetivo: identificar a la testigo. Oana estuvo sola durante todo el viaje; si decía la verdad el reclutador sabría inmediatamente de quién se trataba. La jueza no hizo ningún comentario, a la espera de que Oana respondiese a la pregunta. ¡Menudo escándalo!

—No mientas pero tampoco respondas a la pregunta —murmuré.

—Lo siento pero no me acuerdo —respondió Oana vacilante.

—¡Mentirosa! ¡Yo sé quién eres! ¡Te llamas Oana!

Oana a punto estuvo de desmayarse por la impresión. Triunfante, el traficante prosiguió:

—¡Mentira cochina! El 28 de enero declaraste ante la agente de la condicional que no recordabas quién te había acompañado hasta España. Y hoy dices que fui yo el que te llevó. ¿Has recuperado la memoria de repente? ¿Quién te va a creer así?

Oana se quedó conmocionada, no pudo soltar palabra y su declaración fue pospuesta. Me llevaban los demonios: ¿cómo sabía aquel criminal que Oana había tenido una cita con la agente de la condicional el 28 de enero? Y peor aún: ¿cómo sabía lo que ella le había dicho en una entrevista que se suponía que era confidencial? Tenía que hablar inmediatamente con la agente de la condicional, la mujer con la que había dejado a Stela y Mirela en la sala de los testigos, donde esperaban su turno para ser escuchadas ante la audiencia. En cuanto me reuní con las chicas me ensañé con la agente sin contemplaciones:

—¿Me puede explicar que significa todo esto? ¿Cómo es posible que el acusado esté al corriente de lo del 28 de enero?

—Pues porque lo consigné todo en un informe que le entregué al acusado a instancias de la juez.

—¿Perdone? Pero ¿con qué derecho?

—Yo soy también agente de la condicional del acusado.

—¿Cómo?

¡Era la primera vez que me pasaba algo así! Hay que saber que desde que Rumanía entró en la Unión Europea nuestro sistema judicial se ha visto salpicado de disposiciones importadas de Estados Unidos, entre otros países, y adaptadas a la receta local. Al otro lado del charco se asigna un agente de la condicional solamente a los criminales, para impedirles que recaigan cuando están en libertad condicional. Aquí se decretó,

169

ignoro por qué, que también las víctimas tenían que consultar con un agente de la condicional antes del juicio, un servicio que se ofrecía gratuitamente. El Gobierno siempre se muestra reticente a la idea de que se recurra a las ONG, aunque tampoco estas cuestan nada. Así y todo, nunca había oído hablar de un agente de la condicional que aconsejara a la víctima y al acusado a la vez. ¿Cómo era posible semejante aberración?

—Muy bien, aconseja usted a los dos. Pero ¿quién le ha dado derecho a informar de lo que había dicho Oana acerca de Clamparu?

—…

¿Qué podía responder ante aquello? Sin preocuparme más por ella, llamé al agente que montaba guardia en el pasillo.

—Tenemos un problema. He de hablar con la fiscal.

Me reuní con la fiscal y la agente de la condicional en el despacho de la jueza: ¡todas mujeres!

—¿Quién decide enviar a una víctima a la oficina de la condicional? —pregunté.

—Yo —respondió la jueza—. Es la ley.

—Pero ¿por qué a la misma agente que el traficante?

—Hum… En realidad nada lo impide.

—Muy bien, pero entonces, ¿por qué la agente comunicó la información revelada por Oana al traficante?

—La jueza me pidió que estableciera un perfil psicológico de la víctima y del acusado —repuso la agente de la condicional—. Tengo que aconsejar a uno y a otra en la misma medida.

—Pero ¿cómo puede establecer dos perfiles a partir de dos versiones contradictorias?

La fiscal, que había leído los informes, observó con calma:

—Y eso que no ha leído usted el perfil del acusado. Si hay que fiarse de las conclusiones, estamos ante un ciudadano de bien desde todos los puntos de vista, ¡un auténtico regalo del cielo para todas las mujeres de la Tierra!

El mal estaba hecho pero su ironía me reconfortó: aquella señora estaba de nuestra parte, se notaba. En cuanto a la jueza, se escudó tras un enésimo «es la ley, es así». Le importaban más bien poco las consecuencias de sus actos. Todavía hoy sigo convencida de que estaba a sueldo de los traficantes. Bastante tiempo después leí en el periódico que en total Clamparu había puesto casi un millón y medio de dólares sobre la mesa para comprar por toda Europa a una retahíla de gente más o menos vinculada con la investigación de la que era objeto. Le daba igual un juez rumano que ochenta. La que nos tocó confirmaría mis sospechas tres años después al decidir poner a los acusados en libertad provisional a la espera del juicio. Incluso nuestro presidente, Traian Basescu, mostró su consternación. Durante una rueda de prensa dedicó unas palabras al Tribunal Supremo:

—¡No entiendo que nuestro sistema judicial pueda poner en libertad a individuos tan peligrosos, sobre todo cuando para su arresto tuvieron que colaborar los servicios policiales de tres países distintos!

Por supuesto los individuos en cuestión se evaporaron. Las chicas estaban asqueadas: ¡todas las audiencias, todas las idas y venidas, para nada! Stela, a la que me costó sudor y lágrimas convencer para que declarase, me lo reprochó:

—Te lo dije. Los traficantes, los policías, los jueces… ¡están todos compinchados! Los traficantes tienen dinero, así que da igual lo que digas, siempre tendrán la ley de su parte.

Por mucho que le expliqué que todos los policías no eran corruptos, que había jueces que intentaban hacer su trabajo honestamente, no se bajó del burro. Sin embargo, la entendía tan bien… ¿Cómo podía rehacer su vida sabiendo que Clamparu o cualquiera de sus secuaces podía encontrarla algún día? Deberán vivir toda su existencia con esa espada de Damocles sobre sus cabezas. Ni siquiera sé si el caso fue archivado. Aunque una cosa es segura: Oana, Stela y Mirela decidieron no volver jamás a un tribunal. Así son las cosas en Rumanía, una chica siempre tiene que volver a declarar varias veces. En ocasiones es solo porque uno de los abogados de la acusación está malo; el juez aplaza la audiencia sin tener en cuenta que las testigos han venido de lejos para testificar, con lo que ello conlleva de angustias, fatigas y miedos. Cuando es el abogado de la víctima el que dice estar enfermo, el juez se limita a llamar a

171

otro, de oficio, que se hace cargo de buenas a primeras sin tan siquiera consultar el expediente. Una vez vi el caso de un abogado de oficio que era a la vez el del traficante y el de la víctima. El muy imbécil no dijo nada. El día del juicio se plantó allí como si tal cosa... Por otra parte, los traficantes agotan todas las apelaciones, llegan hasta el Tribunal Supremo si hace falta. Resultado: el juicio se alarga hasta la extenuación, durante tres, cuatro, o cinco años incluso. Cuando por fin se ve la luz al final del túnel, las testigos hace ya tiempo que se fueron del albergue, trabajan o estudian en la universidad, se han casado o tienen hijos y no desean más que una cosa: pasar página. De modo que tiran la toalla... Al irse Stela me dijo medio en serio, medio para provocar:

—Mejor haría en hacerme traficante yo también. Así por lo menos sería intocable.

Lo último que sé es que Stela trabaja como *stripper* en un club de Rumanía... Pero ese no es el problema. En realidad todo el sistema judicial rumano falla, y es más que nada la corrupción lo que gangrena todos los engranajes de la escala local. Europa, por su parte, hace la técnica de la avestruz, subvencionando programas gubernamentales falsos y complaciéndose con cifras que sabe amañadas. Y cuando no es la corrupción es la comunicación entre los distintos agentes implicados lo que se atranca. Respecto a las ONG, por ejemplo, la actitud sospechosa de los policías recuerda mucho a la manía. Cuando los policías le toman declaración a una joven prostituta la bombardean con preguntas humillantes, a menudo gratuitas. Sé que su trabajo consiste en comprobar que la chica dice la verdad, pero a veces lo hacen de una forma tan brusca... Cuando la muchacha se lía con los detalles, se retracta de sus declaraciones, confunde fechas, nombres o lugares, la acusan de mentir. No se dan cuenta de que está demasiado ocupada en salvar el pellejo para memorizar el número de una matrícula. En cuanto la víctima queda a cargo de los servicios de protección de menores o de una ONG como la mía, llaman todos los días para saber si se acuerda de algo, convirtiéndonos en sospechosos de querer ocultar información fundamental para la investigación. Tampoco se entiende la obsesión por conocer los detalles más escabrosos:

—¿Con cuántos hombres se ha acostado? ¿Qué hacía con los clientes? ¿Sexo oral?, ¿vaginal?, ¿anal? ¿Cuánto le pagaban por sesión? ¿Y por la noche entera?

Para mí saber la tarifa de una felación, de una sodomía o de un masaje en un jacuzzi es la menor de mis preocupaciones. ¡Si los jueces concediesen a las víctimas compensaciones económicas en función de lo que hubiesen ganado como prostitutas lo entendería! Ese sensacionalismo degradante solo consigue humillar más todavía a las víctimas: no es más que una prostituta, una pobrecilla que no merece ningún respeto... Me acuerdo de un agente de policía que me abordó una noche mientras yo estaba espiando desde mi coche a las puertas de un club nocturno que era un burdel. Una fugitiva me había dado el número del móvil de una de sus compañeras que trabajaba allí: las prostitutas suelen tener un teléfono para estar localizables para los clientes. Yo había contactado con la chica para proponerle sacarla de allí. Tenía que buscar una excusa para salir a la calle, como fumarse un cigarrillo por ejemplo, y luego montarse a toda prisa en mi coche. Estaba esperándola aparcada junto a la acera con las luces y el motor apagados, cuando un agente que hacía su ronda me dio un golpecito en la ventana.

—¿Qué está haciendo ahí, señora?

—Trabajo con víctimas del tráfico sexual. Estoy esperando a una chica para llevármela conmigo. Ande, lárguese, que lo va a fastidiar todo.

—¡Vamos, señora! ¡No me diga que cree que esa chica la necesita! ¡Si está ahí es porque quiere! El proxeneta solo es un espabilado que ha encontrado un buen filón para ganarse la vida.

—¿Puede usted decirme su nombre, por favor?

—Venga, mujer, no se ponga así. Bueno, la dejo, pero le aseguro que está perdiendo el tiempo.

Es difícil luchar contra esos prejuicios anacrónicos. Cuanto más arriba en la jerarquía, más moldeados están por la arrogancia comunista y preocupados por seducir a sus superiores to-

173

mando medidas efectistas o redactando informes donde se presenta una imagen positiva de la lucha contra la trata de mujeres; le importa poco lo que ocurra en este ámbito. En el año 2000 organizamos con la ayuda de consultores europeos y expertos del FBI un seminario de formación para policías y trabajadores sociales. La idea era reconciliar ambos bandos y facilitar así la cooperación animándoles a expresar sus respectivas quejas. Como moderadora pedí a los representantes de las ONG que pusiesen por escrito sus cinco demandas principales respecto a los representantes de la ley, y a los policías, otro tanto. Estos últimos, muy organizados, terminaron en un cuarto de hora. En el otro bando nadie se ponía de acuerdo. Por fin leí en voz alta las propuestas enumeradas por unos y otros. Entre otras cosas los policías reclamaban que las ONG cooperasen sin peros con los agentes, que llamasen a los encargados de la investigación en cuanto una chica recordase un detalle nuevo... En el otro bando las exigencias eran de lo menos realista: algunos exigían que se les tuviera permanentemente informados sobre el progreso de la investigación —cosa que es ilegal—, otros querían que la policía presentase a juicio todas las demandas —cuando eso tiene que decidirlo el fiscal—. Fue apasionante enfrentar sus puntos de vista. Al explicarse mutuamente su forma de trabajar y los imperativos de sus misiones se disiparon numerosos malentendidos.

A lo largo de los últimos diez años hemos repetido la experiencia varias veces, invitando asimismo a fiscales. También ellos tienen el don de plantear preguntas inapropiadas a las víctimas. En Pitesti hay uno en especial que siempre hace el mismo teatro durante la declaración de las chicas:

—Veamos..., ¿de qué color es su sujetador? ¿Rojo o negro? ¿Es de algodón? ¡Dígame, preciosa! Y cuénteme, querida, ¿a qué edad empezó usted a prostituirse? ¿Le gusta, verdad?

Si queremos terminar con los prejuicios de mal gusto hay que trabajar con todos los actores del proceso. Y es tanto más importante en cuanto que en Rumanía solo las víctimas menores de edad deben ser asistidas por un abogado; se considera que el resto no lo necesitan, mientras que por su parte los traficantes pueden pagarse un bufete entero de abogados, a cada cual más tiburón.

En estos seminarios el ambiente puede encresparse. Guardo especial recuerdo de un cursillo de representantes de ONG y de la policía de fronteras que acabó fatal. Cerrados a toda discusión, los agentes perdieron los papeles:

—Pero ¿es que no comprenden que esas chicas no son más que putas? ¿Qué se creen? ¡Pues claro que saben que van a prostituirse cuando se largan al extranjero! ¡Son ellas las que han escogido ese oficio!

Su aire de suficiencia me repugnó. Después de la comida subí a la habitación de mi hotel y escribí en mi ordenador: «Si se cuentan tantos chistes de polis es porque todos los policías del mundo son subnormales. ¿Para qué perder el tiempo intentando explicarles algo que de todas formas son incapaces de entender?». Imprimí mi pequeña misiva, hice treinta fotocopias en la recepción y las metí en sobres. Por la tarde los distribuí entre los policías presentes advirtiéndoles lo siguiente:

—Quiero que lean lo que pone en el interior sin hacer ningún comentario. Y luego van a escribir en el dorso lo que piensan ustedes de mí, la autora del texto.

Cuando abrieron los sobres les vi revolverse por dentro. Todos garabatearon con furia unas cuantas palabras y me entregaron acto seguido su prosa envenenada. Leí en voz alta:

—Bien, entonces soy una estúpida y... ¡uy!, una guarra. Bien... Y una persona ignorante que no tiene ni idea de en qué consiste el trabajo policial. ¡Perfecto! Ahora mírenme. Como saben soy psicóloga, y de mi gremio también se cuentan muchos chistes. Lo que estoy intentando explicarles es que todos pertenecemos a un grupo más o menos discriminado. Ahora quiero que se pongan en el lugar de las chicas que interrogan en la comisaría. Cuando las insultan, ¿qué creen que piensan ellas de ustedes?

—Vale, entiendo: un uno por ciento de las chicas no son prostitutas. ¡Pero el noventa y nueve por ciento restante ha elegido vender su cuerpo, y punto!

—Muy bien, pero si nos hemos reunido aquí hoy es para

encontrar una forma de trabajar con ese uno por ciento de chicas que no han escogido precisamente hacer la calle.

Por fin comprendieron adónde quería llegar y pudimos empezar a trabajar. No hace mucho intenté organizar seminarios de formación con jueces... En vano, ninguno aceptó entrar en el juego. Es una lástima: hay muy pocos jueces que hagan bien su trabajo. Se comportan como semidioses cuando en realidad son unos completos ignorantes en materia de tráfico sexual. En Rumanía no están especializados. Ni siquiera existen jueces de menores; y eso que ven desfilar decenas de casos de menores vendidas a proxenetas todas las semanas. Los tratan como casos clásicos de prostitución y los despachan en cadena, sin molestarse en consultar el expediente. En virtud de una ley que prohíbe poner bajo arresto a una persona inculpada antes de su enjuiciamiento, liberan sin más al traficante, que corre a presionar a las testigos. ¿Que desaparece una testigo? El juez ve en ello la prueba de que la acusación era infundada:

—¡Ya os había dicho yo que esa chica no era trigo limpio!

Habría tanto que hacer en el plano judicial... ¿Por qué los jueces no combinan las distintas secciones legislativas para aumentar las penas contra los traficantes? Proxenetismo o violencia, ¡o una cosa o la otra, nunca las dos a la vez! En el caso de un traficante que lleva años explotando a chicas habría que considerar las heridas, los golpes, los intentos de suicidio como otros tantos factores agravantes y multiplicar el número de años de prisión por el número de chicas vendidas. Ya existen un montón de disposiciones europeas que han venido a completar la legislación rumana. ¡Pero los jueces ni siquiera se molestan en aprenderlas!

He acordado con una ONG que voy a grabar el testimonio de algunas chicas sobre sus experiencias con los tribunales para enseñarles las cintas a los jueces. Esta me ha asegurado que reunirá a unos cuantos en torno a una mesa. Habrá que verlo...

Cooperación europea

*E*n el albergue vive un crío de tres años, Nicolae, el hijo de Aurelia. Sin la ayuda de los policías y de los trabajadores sociales de Dinamarca a estas alturas esta adorable criaturita muy probablemente estaría vegetando en un orfanato. Su mamá, Aurelia, tenía 22 años cuando se separó temporalmente de él. Vivía en el sur de Rumanía a orillas del mar Negro, en un pueblo cerca de Constanta, donde lo criaba ella sola desde que se divorciara de un marido alcohólico. Estaba desempleada cuando conoció a una mujer romaní que la tentó con las promesas de un empleo en el extranjero:

—Mi marido trabaja en la construcción en Dinamarca. Vete allí con él, seguro que te encuentra un trabajo bien pagado. La vida será más fácil para ti y para tu hijo.

—No sé... ¿Y quién va a cuidar de Nicolae?

—¿No tienes a nadie que se pueda quedar con él?

—No. Mi madre... bebe.

—No pasa nada. Déjame al niño mientras ahorras un poco. Envíame trescientos euros al mes para los gastos.

—¿Haría eso por mí? ¡Gracias!

No me pregunten cómo esta joven pudo dejar a su hijo con una desconocida. Su situación económica era de lo más precaria, eso seguro. Tanto es así que Aurelia voló hasta Dinamarca, donde el marido traficante no tardó en ponerla en situación:

—Si quieres volver a ver a tu hijo, harás lo que yo te diga.

Y tendrás que trabajar más que las demás si quieres ganar lo suficiente para que criemos al niño.

Aurelia había caído en la trampa. Esa gente poseía lo que ella más quería en el mundo, realmente no tenía alternativa. Al cabo de un mes la llamó la mujer del traficante:

—No he recibido los trescientos euros. ¿Cómo quieres que críe a tu hijo?

—Se lo he dado todo a su marido, me dijo que le mandaría el dinero.

—A él no es a quien le tienes que dar el dinero. A partir de ahora me envías directamente a mí los trescientos euros por giro postal.

La vida se convirtió en una pesadilla para Aurelia. El traficante estimaba que no generaba dinero suficiente, que la suma que guardaba para su hijo era una pérdida de beneficio demasiado elevada. Para obligarla a trabajar más le pegaba continuamente. Un día su esposa fue a visitarle a Dinamarca. Aurelia, desesperada, se abalanzó sobre ella en cuanto llegó:

—¿Dónde está Nicolae? ¿No le ha traído con usted?

—¿Tu hijo? Está a buen recaudo, en casa de mi madre.

—¿En Constanta?

—No…, en algún punto al norte de Rumanía.

—¡No tiene derecho!

—Las cosas son así, querida, tendrás que acostumbrarte.

—¿Cuándo volveré a verlo?

—No te preocupes por eso. Tú trabaja si quieres tener la oportunidad de volver a verlo algún día.

Ese día Aurelia se dio cuenta de que podían pasar años antes de volver a coger a su hijo entre sus brazos. En cuestión de un minuto tomó una decisión. Al día siguiente huyó y fue corriendo a la policía: su intención era volver cuanto antes a Rumanía pero no tenía ni idea del paradero de Nicolae. Necesitaba ayuda para encontrarle. La policía tramitó la demanda, la confió a los buenos cuidados de una ONG local y contactó con la policía rumana para pedirle que localizaran al niño. Así son las cosas en Dinamarca: a diferencia de en Rumanía, se ayuda a las víctimas del tráfico sexual incondicionalmente, se les procura asistencia médica, social, jurídica y económica, y las chicas cooperan aceptando testificar ante un tribunal o no. En ese país, al igual que en Italia, se considera que hay más probabilidades de que una víctima colabore si no está presionada. De hecho la policía danesa afirma que desde que esa ley entró en vigor el número de juicios contra el tráfico sexual ha crecido ¡hasta un 80 por ciento!

El problema es que las demandas de información solicitadas por la Interpol y la policía danesa quedaron sin respuesta. Siempre ocurre lo mismo con la burocracia rumana: los expedientes, obligados a pasar de un departamento a otro, acaban perdiéndose en el limbo de unos servicios administrativos sobrecargados. Una solicitud producida por una institución extranjera tiene que pasar por varias personas antes de ser tramitada. Es por esta razón, entre otras, por lo que la cooperación entre Rumanía y el resto de Europa se encuentra hoy en día en punto muerto. Aurelia llegó en diciembre de 2008 a un albergue danés. En julio seguía sin noticias de su hijo, a pesar de la insistencia de la Interpol. Hoy por hoy el expediente debe de andar perdido en una montaña de otros 150 en una oficina de Bucarest.

Recibí la llamada de Anka, la mediadora social del centro de acogida de Aurelia, a principios del año 2009. Pensó que yo tendría más éxito si investigaba por mi cuenta. La información de la que disponía era más bien escasa: en un principio Nicolae estaba en casa de aquella mujer de Constanta, pero por lo que decía lo había mandado a casa de su madre, al norte de Rumanía. Probé suerte llamando a la policía de Constanta, donde conocía a un agente. Curiosamente este parecía estar al tanto de todo; de hecho lo encontré muy enfadado:

—Me parece a mí que a esa chica se le ha olvidado decirle que ya vino a por su hijo.

—¿Cómo?

—Sí, ¿no se lo ha dicho? Vino en marzo y se fue del país.

—Muy bien, gracias.

Estaba furiosa: Aurelia había mentido a la policía danesa, ¡era inconcebible! Llamé al punto a Anka.

—¡Aurelia ya tiene a su pequeño! ¡Tiene que estar en Dinamarca!

—Eso es imposible. ¿Cuándo se supone que fue eso?

—En marzo.

—Iana, no puede ser. Aurelia llegó aquí en diciembre y desde entonces no ha salido del centro.

Alguien mentía, no había otra. Era evidente que los traficantes tenían contactos en la policía. Descolgué de nuevo el teléfono para hablar con mi contacto de Constanta.

—Mire, Aurelia no ha podido ir a recoger a su hijo. Compruébelo si quiere con la Interpol: Aurelia nunca ha salido de Dinamarca.

—No sé qué decirle...

—Muy bien, pasado mañana estaré en Constanta. Iré a ver a esa mujer en persona. Contactaré con su colega, el que le informó, para verificar la historia de la madre que vive en el norte de Rumanía.

Como por casualidad el agente volvió a llamarme a la mañana siguiente.

—Iana, no se lo va a creer... ¡Acabamos de encontrar al pequeño abandonado en la calle! ¿Puede usted venir a recogerlo?

Mis sospechas se confirmaron. Seguramente los policías corruptos habían avisado a los traficantes de que ya no podían seguir encubriéndoles. Más tarde descubrí que la madre de la *madame* llevaba muerta tres o cuatro años... Cuando recogí al pequeño Nicolae en un centro de acogida de Constanta, estaba muy asustado.

—Nicolae, soy Iana. Te voy a llevar a tu nueva casa. Tu madre vendrá dentro de poco.

—¡No, no quiero ir!

Nicolae no paraba de llorar. A saber lo que le habían hecho aquellos traficantes. Me temía que no habían sido muy delicados... Necesitaría un tiempo para acostumbrarse. Quince días después estaba en el aeropuerto de Bucarest recogiendo a Aurelia. De vuelta en el albergue llamé al pequeño:

—¡Nicolae, ha venido tu mamá!

Se negó a mirar a su madre y clavó la mirada en los zapatos

mientras repetía: «No, no, no...». Tuvieron que pasar varios días para que Nicolae abrazase por fin a su madre y volviese a llamarla «mamá». Acabó jugando con los regalos que le había llevado y poco a poco la relación volvió a la normalidad. A Aurelia la habían tratado de maravilla en el albergue danés; incluso le había sobrado un poco de dinero de la ayuda que le habían concedido. En Dinamarca, al igual que en Italia o en Alemania, el Gobierno subvenciona a las ONG para que cuiden de las víctimas sin comprometer por ello la independencia de tales entidades. El sistema funciona muy bien así. ¿Por qué no podemos tomar ejemplo en Rumanía?

La corrupción sigue siendo una plaga en mi país. ¿Cómo pudo la policía rumana contestar a la Interpol que la madre se había llevado al niño? ¿Cómo no se le ocurrió a la Interpol ni por un segundo que la respuesta estaba adulterada? Para facilitar el intercambio de información entre países en el marco de investigaciones de este tipo es necesario formar a los distintos servicios implicados, multiplicar los seminarios transnacionales. Precisamente en una reunión en la que participé en Alemania un fiscal rememoró la implicación de un representante de la embajada rumana en un caso de tráfico sexual en Alemania; mis homólogos germanos pusieron el grito en el cielo, no daban crédito. La corrupción de Rumanía asusta al resto de Europa y complica aún más la cooperación legal cuando se trata de investigaciones internacionales.

Sin embargo dicha cooperación es necesaria. A vuelapluma diría que el 70 por ciento de las chicas que he acogido en el albergue fueron explotadas fuera de nuestras fronteras. Muchas van a testificar al país de destino donde fueron enviadas. Todos los años acompaño a chicas que tienen que prestar testimonio hasta Dinamarca, Italia, Inglaterra, e incluso Luxemburgo. En Alemania es un poco distinto: la testigo no tiene por qué desplazarse, puede testificar por escrito desde Rumanía. Con todo, los juicios son poco frecuentes si tenemos en cuenta el número creciente de traficantes.

Los países de destino deberían implicarse más en la lucha contra el tráfico sexual, igual que los tratantes inculpados deberían ser más. Ninguna de mis chicas ha pisado jamás un tribunal español, por ejemplo, a pesar de ser uno de los principales destinos de las rumanas vendidas en el extranjero. Allí, como en Francia o Reino Unido, la asistencia a las víctimas, acompañada de un permiso de estancia a menudo limitado a la duración del juicio, está supeditada a que testifiquen o demanden a los proxenetas y sus bandas. Las chicas, que no confían en nadie, dudan a la hora de presentar una denuncia, tanto más por cuanto el permiso de estancia rara vez se concede. De hecho la represión de la inmigración clandestina suele ser prioritaria, como en Francia, donde se deporta a las chicas indocumentadas mediante vuelos chárter enteros. Antes de que Rumanía integrase el espacio Schengen, Europa básicamente conminó a nuestro Gobierno a que se ocupase de los gitanos con el fin de reducir la inmigración clandestina. Desde entonces se ha promovido su integración, se les ha animado a escolarizar a sus hijos, etc. Pero no ha funcionado. Hoy en día los países devuelven por centenares a los gitanos hasta nuestras fronteras, demostrando así que no son capaces de solucionar el problema de la gente que se desplaza a su territorio. Así lo único que hacen es tirar la fruta fresca junto a la podrida: entre las personas expulsadas hay traficantes, pero también víctimas. Los primeros tendrían que ser detenidos por la policía; las víctimas, por su parte, deberían ser protegidas y animadas a testificar contra sus traficantes. En Rumanía las redes de mafiosos van a recoger a las chicas deportadas a la salida del avión para volver a mandarlas a otro país. Incluso Italia, que no exige que las muchachas testifiquen para proporcionarles ayuda y asistencia, tiende a expulsar a las indocumentadas antes de escuchar sus historias.

Resultado: la mayoría de traficantes rumanos que surcan Europa para nutrir su comercio son detenidos en Rumanía, donde las chicas los denuncian una vez que han vuelto a sus casas. Rara vez son jefes de bandas de otros países: prefieren mover los hilos desde un Estado distinto. El juicio por lo tanto se celebra dentro de nuestras fronteras; Europa deja que lavemos nuestros trapos sucios en casa. El único problema es que tampoco es que salgan muy limpios. Estoy muy enfadada con Bruselas, que alentó la creación en nuestro país de la Agencia Nacional de Prevención del Tráfico de Personas y de la base de datos de las víctimas de la trata…, pero jamás ha comprobado los resultados ni la metodología empleada sobre el terreno, dando por válidas todas las informaciones que le transmite la Agencia. En Italia, España u Holanda los archivos no contienen ningún dato personal; las chicas se sienten más protegidas y mucho más dispuestas a testificar…

Hay quienes alegan que para acabar con el tráfico sexual habría que bien prohibir la prostitución, bien despenalizarla. En realidad eso no cambia mucho las cosas. En los países donde tradicionalmente se ha tolerado la prostitución,[23] o se ha regularizado en parte,[24] se desarrolla una forma invisible de prostitución por clubes y pisos privados que propicia el tráfico de todo tipo y hace aún más frágiles a las víctimas: resulta más fácil moler a palos a una chica entre cuatro paredes que en medio de la calle. Este proxenetismo subterráneo se desarrolla igualmente en Holanda y Alemania, donde sin embargo la prostitución está legalizada. A menudo se cita como ejemplo el modelo de Suecia, donde la trata de mujeres extranjeras casi ha desaparecido desde la abolición de la prostitución en 1999. Noruega e Islandia han seguido sus pasos. De lo que no se habla tanto es de que ahora en Suecia los clientes cogen el transbordador para ir a pagar por chicas a los burdeles daneses. Lo que quiero decir es que nunca se miden lo suficiente los daños colaterales que causan este tipo de medidas. Así, una prostituta que quiera denunciar a un cliente violento preferirá renunciar por miedo a perder al resto de sus clientes. Dicho de otro modo, castigar al que paga por sexo acaba por fomentar la violencia contra las prostitutas. De la misma manera reconozco que hay que condenar las relaciones sexuales con menores,

183

---

23. Francia, España, Italia, Portugal, Bélgica, Luxemburgo y Dinamarca.

24. Grecia.

pero ¿cómo demostrar que un cliente sabía la edad de una chica? ¿Cómo cogerle in fraganti? ¿Espiando por los coches? Y cuando la policía actúa, ¿qué hacer si la chica presenta papeles falsos en los que se estipula que es mayor de edad?

En resumen, no existe un modelo ideal. Por contra es absolutamente necesario disociar la prostitución voluntaria de la explotación sexual de mujeres contra su voluntad. ¿Prohibir la captación de clientes?[25] ¿Ensañarse con ellos?[26] ¿Por qué no? Con todo y con eso, tales medidas no pueden valer como política global contra el tráfico sexual. En lugar de debatir hasta la saciedad sobre las virtudes del modelo sueco respecto a las del italiano, haríamos mejor en concentrarnos en los traficantes. Por lo pronto metiéndoles entre rejas. Pero no parece que esto vaya a lograrse a corto plazo dada la falta de cooperación entre los países de origen y los países de destino de las chicas. Algunas policías nacionales, como las de Holanda o Reino Unido, trabajan codo con codo con sus vecinas, aunque no es en absoluto la norma general. Urge armonizar las legislaciones de los países miembros de la Unión para instaurar un modelo de cooperación controlado que facilite el intercambio de datos y favorezca las investigaciones conjuntas. La Comisión Europea tiene los medios para hacerlo, pero le falta la voluntad. Se creerá que está arreglando el problema cuando da cinco euros a una ONG por aquí, cinco euros a otra por allá… Si no se centralizan de un modo u otro esas acciones dispersas, ¡nunca conseguiremos nada!

Por último, no podemos hablar de juicios contra traficantes sin hablar de sus penas de prisión. Al hombre que explotó a Aurelia, la madre de Nicolae, lo juzgaron en Dinamarca y lo condenaron a un año y medio. Por aquel entonces la fiscal, una mujer muy amable, se había mostrado encantada al anunciarnos la buena nueva. Un año y medio… Si Aurelia se hubiera figurado que iba a salir tan de rositas, ni siquiera se habría mo-

25. En especial, en Francia y Reino Unido.
26. Suecia, Noruega, Islandia y Reino Unido.

lestado en subirse a un avión para ir a declarar. El agente de policía que estaba con nosotras se encogió de hombros con el fatalismo de costumbre:

—Así son las cosas: ¡un año si traficas con mujeres, diez años si le robas al Gobierno!

Por lo general en Europa las penas recibidas por los traficantes son excesivamente cortas: una media de unos tres años, a juzgar por mi experiencia con las chicas en el albergue. Es simple y llanamente inaceptable, deberían existir grupos de presión que lo gritasen a los cuatro vientos. Un esclavista tendría que pudrirse diez, veinte o cincuenta años a la sombra. La pena más larga que he visto imponer en un juicio en el que haya declarado alguna de mis chicas ha sido de nueve años de prisión. Se trataba de Lekul, cuyo juicio se celebró en Italia: allí los jueces combinan las diferentes legislaciones vigentes. Violencia, crímenes contra menores, abusos sexuales, proxenetismo, esclavitud, ¿por qué elegir entre un cargo u otro? ¡Que los cojan todos, sumen las penas máximas para cada uno de ellos y los multipliquen por el número de chicas explotadas! Así fue como Puja, un traficante juzgado en rebeldía en 1998, fue condenado a diecisiete años de prisión. El día que lo atrapen…

A veces la prisión es también insuficiente cuando se conocen las conexiones mafiosas de estos criminales. Todo el mundo lo sabe: los traficantes suelen seguir manejando su negocio desde la celda. Esa gente actúa en familia, tienen mujeres, hermanos, primos que recogen el testigo. Cortarles los víveres es la única forma de impedirles que coman: sin dinero no hay chicas y sin chicas no hay materia prima que exportar. Aunque en los tribunales se les imponen gran cantidad de multas los acusados son insolventes porque tienen puestos todos sus bienes a nombre de terceros. No se puede consentir: ¡que les bloqueen las cuentas bancarias, que se les confisquen los coches, que se les embarguen los bienes, inclusive los que están a nombre de sus esposas! En el caso de los gitanos las mujeres siempre son cómplices: la esposa del traficante cuenta el dinero en casa, mientras que la amante hace la calle pero se lleva una comisión por ocuparse de otras chicas y hacer reinar el orden.

185

Habría que darle el dinero que se decomisa a las víctimas. Durante mucho tiempo ningún abogado se atrevió a reclamar daños y perjuicios por miedo a hacerle el juego a la defensa del traficante, pues los abogados de la acusación lo aprovechaban para desacreditar a la testigo:

—Su Señoría, la chica está mintiendo, es evidente. ¿No ve usted que lo único que la mueve es el afán de lucro?

Desde hace varios años, sin embargo, las víctimas del tráfico sexual han empezado a pedir compensaciones económicas por los daños sufridos. Una vida rota para siempre merece cierta compensación, ¿no? De momento ninguna de mis chicas ha percibido ni un céntimo, pero he oído hablar de una víctima que se salió con la suya en Alemania. Gracias a lo que generan las fuertes multas impuestas a los proxenetas, el Gobierno complementa las subvenciones a las asociaciones con una ayuda para que las prostitutas extranjeras puedan regresar a su país. Sigue siendo poco pero es un comienzo. Por supuesto, resulta difícil calcular el valor del perjuicio. Personalmente consideraría juicioso tomar como punto de partida el dinero que ganó el traficante a costa de las chicas que explotó. Partiendo de la base de que una chica puede acostarse con unos diez hombres por noche a cincuenta euros la sesión y de que trabaja siete días a la semana, es fácil de calcular... El tráfico sexual es uno de los negocios más rentables del mundo: la mano de obra es casi gratuita si uno la recluta en el país de origen, es fácil de trasladar, se puede guardar en cuchitriles infectos, vagones de tren abandonados o incluso cajas de cartón, es posible reutilizarla y reemplazarla cuando se quiera, y los riesgos, sobornos mediante, son mínimos. Incluso si sumamos a los gastos del traficante el alquiler del piso, la comida, los gorilas que montan guardia y los billetes para untar a la policía, el margen sigue siendo extraordinario. ¡Con cuatro chicas un traficante puede ganar más de 10.000 euros a la semana! Esa gente, que todos lo sepan, es rica, incluso las pequeñas bandas familiares. En las calles de Rumanía son fáciles de reconocer por sus grandes berlinas y los anillos de oro que se agolpan en sus dedos...

Se puede llegar más lejos a la hora de castigar al traficante a la vez que se indemniza a la víctima: he oído que en Italia el Gobierno embargó unos olivares que pertenecían a unos mafiosos para que trabajasen en ellos sus víctimas. ¿Por qué no hacer lo mismo con los traficantes de seres humanos? Hoy en día Nicolae es un niño adorable y muy feliz. Aurelia se gana la vida lavando coches. Pronto dejará el albergue y se irá a vivir con él a un piso, aunque su salario no le permitirá ningún exceso. Si hubiese obtenido una compensación económica su vida habría sido más llevadera. Teniendo en cuenta lo que sufrió no sería pedir demasiado.

Una vida después de la calle

*L*a estancia de una víctima en mi centro de acogida tiene un límite: unas semanas, un año en la mayoría de los casos, a veces dos, o incluso más para algunas... Tarde o temprano las chicas acaban yéndose. En primer lugar porque en el albergue con más de diez huéspedes ya estamos un poco apretadas y además hay que hacer sitio para las que están por llegar. Pero ante todo porque el objetivo no es mimarlas hasta la eternidad, sino facilitarles la reinserción en la sociedad. Las más jóvenes regresan al hogar paterno o a casa de otro miembro de la familia, mientras que las demás suelen encontrar un empleo. En el albergue las animamos a trabajar a partir de los 17 años: es la manera que tienen de aprender un oficio normal y ahorrar un dinerito que les permita comenzar de cero. Muchas optan por la formación profesional, alternando cursos de cocina o de primeros auxilios con prácticas remuneradas. Ese salario, que asciende a unos 250 o 300 euros al mes, les llega a una cuenta bancaria y yo las animo vivamente a que no lo toquen. Cuando se van del centro tienen acumulada una suma que ronda los 2.000 euros y que les permite, entre otras cosas, pagarse un techo, a menudo en un piso compartido con otras chicas. En Rumanía hay pisos de tres habitaciones que se alquilan por cien euros al mes...

Precisamente Doina, de 25 años, busca piso. Esta chica alta y morena de mirada límpida y altiva es muy seria. Cuando no está en el restaurante en el que trabaja de camarera, se queda en su cuarto; evita mezclarse con el resto de chicas y solo baja para comer. Es como una sombra: ni se la ve ni se la oye. Doina ni siquiera es su verdadero nombre. Desde que llegó al hogar insistió en utilizar un pseudónimo, obsesionada como estaba por la idea de volver a encontrarse con sus traficantes. Nunca ha querido rememorar lo que le pasó en Inglaterra. Lo único que sé es que fue adoptada, que no se sentía querida en comparación con sus hermanos, los hijos biológicos, y que con tal de huir del nido familiar se largó con la primera excusa que se le presentó: la promesa de un trabajo de camarera en Inglaterra. Consiguió huir y presentar una denuncia allí. El juicio todavía no ha terminado y está dispuesta a regresar a Londres para testificar. De hecho, cuando volvió a Rumanía, Doina ya tenía algo de dinero ahorrado gracias a la asignación que le concedió la ONG que la acogió. Desde entonces no se ha gastado ni un céntimo en ella. Es una chica fuerte y siento que está preparada para echar a volar con sus propias alas.

Lo único que le hace perder la razón son los chicos. Como es mayor que el resto, Doina ha tenido varios novios en Pitesti: les paga todo, gasolina, ropa… Es una forma de comprar el amor que nunca ha tenido. Para estas chicas afectivamente frágiles a menudo resulta más complicado reconstruir sus vidas sentimentales que encontrar un trabajo. Algunas de las que ya se han independizado económicamente siguen viniendo a contarme sus amoríos y a pedirme consejo. Una de ellas, Adelina, tuvo la suerte de encontrar a un buen chico, en todos los sentidos; aunque estaba realmente enamorado de ella, no había logrado confesarle lo que le había pasado. Tenía una niña pequeña, fruto de la violación de un traficante, y le asustaba fastidiar su oportunidad de encontrar marido.

—¿Y si se entera por alguien, Iana? ¡No querrá volver a verme, seguro!

Siempre les obsesiona la idea de que salga a la luz su pasado de prostitutas. Son muchas las que lo ocultan a sus conocidos. Intenté razonar con Adelina:

—Si te quiere de verdad, lo entenderá. Díselo, ya verás.

Adelina se convenció y acabó contándoselo todo a su prometido, quien, conmocionado, le dijo que quería «tomarse un tiempo». Adelina me llamó llorando:

—¡Lo ves, te lo dije! ¡No tendría que haberte hecho caso!

Una semana más tarde el chico volvió a llamarla. Había reflexionado: el pasado es el pasado, lo que le interesaba a él era la mujer en la que se había convertido. Se casaron y el joven adoptó a la pequeña Bianca...

Todas las chicas que se han ido saben que me pueden llamar si sufren algún revés. Mantengo el contacto con un 86 por ciento de ellas. Hace poco incluso tuve noticias de las tres primeras chicas con las que puse en marcha mi programa de ayuda a las víctimas del tráfico sexual. Mariana se casó uno o dos años después de dejar el albergue. Cuando construí la casa de la colina vino a verme para pedirme ayuda: su marido, un muchacho bastante afable, había empezado a beber y luego a pegarle para finalmente convertirse en la viva imagen de su padre. En plena crisis se quedó unas semanas en el albergue, antes de volver a su casa para darle otra oportunidad a su pareja. Me llamó tres años más tarde para decirme que su marido le había pedido que dejase su trabajo para irse con él a vivir al campo. A Mariana le angustiaba la idea de renunciar y perder así su independencia económica. Nunca supe cuál fue su decisión. Me enteraría por Ilinca, la segunda chica del trío, quien me contó que al menos el año pasado Mariana seguía viviendo con su marido. Ilinca, por su parte, está casada y tiene dos hijos. Me dijo por teléfono que estaba buscando trabajo pero que por lo demás todo iba bien.

Constato con una inmensa satisfacción que la mayoría de las 420 chicas a las que he amparado, a tenor de lo que ellas mismas me cuentan, han logrado reinsertarse: han encontrado trabajo, se han casado y han tenido hijos. Muchas incluso han seguido estudiando: una de ellas se ha licenciado en historia, otra ingresó en una escuela de empresariales y luego se fue a Italia a vivir con su madre. Todavía me río al pensar en la que quería ser psicóloga. Entusiasmada por la idea, le propuse:

—Cuando te saques el título podrás venir a trabajar aquí.

Como has pasado por lo mismo que las chicas estoy segura de que te desenvolverás mejor que yo.

Si le hubiese hablado de un trabajo en Marte se habría sorprendido menos:

—¿Que qué? ¿Que trabaje con esas chicas? Tú no estás bien de la cabeza. Son tan intratables que si tuviese que vérmelas con ellas les estaría echando broncas tres veces al día. Yo lo que quiero es trabajar con niños.

Al final se hizo psicóloga y trabaja en un servicio municipal de Bucarest donde se ocupa de personas en situaciones sociales muy desfavorecidas.

Los periodistas suelen pedirme que les cuente los casos de las que han salido mejor paradas. Entiendo que no se trata de una cuestión de nivel de estudios o de sueldo. La chica que no vuelve a prostituirse es ya de por sí una triunfadora. Considero un éxito la experiencia cuando mis protegidas logran alcanzar el objetivo que se habían fijado. Pienso por ejemplo en aquella chica que fue vendida y llevada a Alemania cuando era menor, violada por turnos por sus verdugos, explotada durante varios años, cuyo sueño era, como el de la mayoría de las chicas, ser ama de casa. No tenía ni 18 años y pensé que nunca superaría su trauma. Hoy tiene 21, está casada, es mamá y es feliz.

Desde luego no todas conocen la felicidad. Me temo que del 14 por ciento de chicas de las que no vuelvo a saber algunas recaen. Suelo preguntarme qué habrá sido de Elisabeta, la chica con retraso mental a la que el periodista estadounidense de la CBS liberó de su traficante. Por desgracia sus aptitudes eran muy limitadas. En el centro de acogida se pasaba el día en el taller de costura, donde planchaba como nadie los retales que reutilizábamos para piezas pequeñas como servilletas. Más allá de ese don no sabía hacer gran cosa. Al año de su llegada, otra chica del hogar la convenció para que la acompañase a comprar al centro. Cuando terminó dejó a Elisabeta en la estación y regresó al albergue. Por la noche puse el grito en el cielo al enterarme:

—Pero ¿cómo se te ocurre dejarla sola? ¡Sabes que es incapaz de orientarse!

191

—Lo siento… Es que Elisabeta me dijo que quería ir a ver a su tía de Braila, así que la llevé a la estación…

—¿De Braila? ¡Pero si eso está en la otra punta del país!

No tenía ni idea de cómo se llamaba esa tía y nunca más volví a oír hablar de Elisabeta. Si la hubiese atrapado algún traficante de Pitesti me habría enterado, pero si subió a un tren a saber lo que se encontró… Con todo, mi mayor fracaso ha sido Ionela, la adolescente a la que secuestré delante de la oficina de correos de Calarasi. Me esforcé de veras con ella. Ionela se quedó con nosotras casi dos años, y sacó muy buenas notas en la escuela. Sin embargo, era muy desgraciada. Cuando se deprimía quería mandarlo todo a tomar viento. Estaba obsesionada con tener un piso propio. Pepi, la señora española con la que Ionela mantuvo el contacto, pidió un préstamo a un banco para comprarle un piso. Acepté que viviese allí con la condición de que prosiguiese con sus estudios. Ionela quería ser trabajadora social. Quise animarla a que siguiese ese camino y la contraté como asistente en el albergue cuando cumplió los 19 años. Sabía lo que habían padecido las chicas y parecía llevarse muy bien con ellas. Al cabo de cinco meses se vino abajo:

—Iana, este trabajo es muy difícil. No está hecho para mí…

Ionela renunció al puesto. Al poco tiempo vendió su piso, en teoría para comprar otro más pequeño y amueblarlo con lo que sacara de la venta. No obstante, me enteré de que tenía una habitación alquilada en el centro de Pitesti. Cuando le pregunté al respecto me aseguró con rotundidad:

—De momento tengo el piso alquilado. Estoy esperando a que se vaya el inquilino para mudarme.

Ni tan siquiera se me ocurrió comprobar si lo que decía era verdad. Cuando se fue no volví a tener noticias suyas. Una chica del albergue terminó confesándome que Ionela estaba en Italia, donde trabajaba sirviendo copas en un club. No podía hacer nada: era mayor e independiente. Unos meses después logré contactar con ella por teléfono. Era peor de lo que imaginaba: en aquel club se prostituía. No le quedaba ni un céntimo, ya que había vendido su piso para prestarle dinero a su novio. En teoría se iban a ir a vivir juntos, pero él se esfumó y nunca le devolvió el dinero. Con lo que le quedó de la venta del estudio Ionela se hizo una liposucción de barriga. Me lo explicó todo por teléfono con voz lastimera:

—¡Es que quiero comprarme otro piso! Ya no me queda nada ahorrado. Este trabajo es la única forma que tengo de ganar dinero.

No sé qué ha sido de ella. Apostaría a que todavía está en Italia. Lo mismo hasta ha vuelto a hacer la calle. Seguramente se quedó más tiempo de la cuenta: para las que se prostituyen durante años a menudo es demasiado tarde.

Por desgracia las chicas no suelen tener ni idea de que existen centros de acogida exclusivamente destinados a ellas. Harían falta más albergues como el mío en Rumanía. Son muchas las víctimas que prefieren quedarse en el país de destino cuando consiguen escapar. Por una parte porque tienen miedo de volver a sus casas, donde los traficantes no tardarían en localizarlas; y por otra, porque las cuidan muy bien en los albergues análogos de los países de acogida, en especial en Alemania, Holanda e Italia, donde las chicas deciden rehacer sus vidas. Allí se las protege, se las escolariza, se las forma y encuentran trabajo más fácilmente, hasta el punto de que llegará el día en que, entre los jóvenes que se van de Erasmus, los que se van a trabajar al extranjero y el resto de emigrados, voluntarios o no, que creen que la gallina de Europa pone más huevos que la suya, Rumanía pronto tendrá que vérselas con un serio problema demográfico.

193

Un hotel en los Cárpatos

Desde que se creó la Agencia Nacional de Prevención del Tráfico de Personas y Rumanía entró en la Unión Europea, los fondos gubernamentales destinados a la ayuda a las víctimas a través de instituciones públicas han aumentado de forma considerable. Hoy en día existen 23 centros de acogida estatales por todo el país. Debido a la imposición de cooperar legalmente que se exige a sus beneficiarias, la mayoría están vacíos. Pero qué más da, al Gobierno le basta, así puede demostrar a Europa que trabaja activamente en la erradicación del tráfico sexual. Para albergues como el mío el dinero sigue siendo el caballo de batalla y la búsqueda de nuevos patrocinadores, una prioridad. Es curioso pero, si bien mi terreno de acción se limita a Europa, con las que he tenido más éxito ha sido con organizaciones ubicadas en Estados Unidos. Los dos primeros años la USAID nos concedió casi 70.000 dólares en total, de los cuales la mitad fueron a través de LIFT, una asociación estadounidense con la que organizamos varias conferencias donde se dieron cita expertos de ese país y diversos agentes rumanos que operaban sobre el terreno. Al principio se produjo un gran choque cultural. En la primera conferencia, la del año 2000, Katy, mi contacto en LIFT, me llamó para enumerarme sus demandas, que en lo esencial consistían en detalles logísticos; por lo demás, se reservaban el derecho de elegir a sus invitados. Siempre recordaré la descabellada idea de Katy:

—Iana, si le parece bien, vamos a invitar al primer ministro rumano.

¡Al primer ministro! Todavía me estoy riendo... Los estadounidenses estaban convencidos de que la lucha contra el tráfico sexual era una prioridad nacional y que, en consecuencia, las autoridades del país responderían todas a una a la convocatoria estadounidense... ¡Hay que ser ingenuo! Una semana antes de la conferencia Katy volvió a llamarme, atacada de los nervios:

—Iana, no lo entiendo, ¡no ha respondido nadie!

—Bueno... La verdad es que no me extraña.

—¿Y qué hacemos? ¡Vamos a tener que cancelarlo todo!

—¿Quiere que me encargue de buscar algunos invitados?

—Vale...

No podía creerme mi suerte. Entre otras cuestiones, en la conferencia quería abordar el problema del trato que recibían las víctimas por parte de los policías. Me parecía bastante más juicioso invitar a nuestra modesta reunión a agentes especializados en la lucha antitráfico que al primer ministro... El día D se dieron cita representantes de varias ONG locales y de diversos departamentos de policía. Una experta estadounidense, una autoridad en la materia según me dijeron, vino para la ocasión. Durante media hora la encantadora señora nos describió cómo trabajaban en su país. Cuando nos explicó que allí los albergues para víctimas estaban equipados con cámaras web en las habitaciones, que todas las chicas estaban conectadas con la central de vigilancia y que la directora, sentada cómodamente ante su pantalla, podía llamar a la policía con solo apretar un botón, los agentes rumanos rieron con ganas. Uno de ellos me susurró:

—Iana, ¡esto es ciencia ficción! ¡Esta señora se está riendo de nosotros! ¿Le ha explicado lo que pasa en Rumanía? ¿Saben en Estados Unidos que no tenemos ordenadores en las oficinas y que ni siquiera tenemos papel para la máquina de escribir? ¿Saben que ningún policía tiene móvil?

La experta bien podría haber hablado en chino y habría causado el mismo efecto. La cosa rozaba el absurdo... Aquellos yanquis llenos de voluntad se habían gastado 30.000 euros en una conferencia, mientras el Gobierno rumano no le pagaba ni la gasolina a sus agentes de policía. Desde entonces he participado en decenas y decenas de conferencias que no han generado ningún cambio notable en la realidad. En los últimos tiempos he bajado considerablemente el ritmo. Siempre es igual: cojo un avión, hablo una hora ante miembros de la Unión Europea que toman apuntes concienzudamente, pero que nunca harán nada, y vuelvo a casa más frustrada de lo que me fui. Al menos los estadounidenses se tomaban el asunto en serio.

Después de lo de LIFT obtuvimos cerca de 70.000 euros de la organización alemana GTZ,[27] una empresa de cooperación internacional para la ayuda al desarrollo que depende del Estado. Después UNICEF nos otorgó casi la misma suma. Nuestro último patrocinador, Make Ways Partners, lo encontramos gracias a la difusión del reportaje televisivo del periodista estadounidense de la CBS. Esta institución estadounidense privada se presenta como una asociación cristiana y financia diversos proyectos por todo el mundo; su vocación principal es la lucha contra la esclavitud bajo cualquiera de sus formas. En septiembre pasado nos concedió la cantidad de 83.000 dólares, es decir, lo equivalente al presupuesto anual para el funcionamiento completo del albergue. Es un verdadero alivio para mí. Con ellos sé que estoy en buenas manos.

Lo más importante es que, al saber cubiertas mis necesidades hasta finales de año, me puedo concentrar en el proyecto en el que tengo puesto el corazón: quiero abrir un hotel en los Cárpatos para hospedar a las hordas de turistas que van cada año a anidar a esa magnífica región montañosa. El objetivo es ganar dinero para conseguir en última instancia financiar la actividad del albergue y todas las que quiero echar a andar: ampliar el centro para dotarlo de un almacén de verdad y volver a poner en marcha el taller de costura, e incluso construir un pequeño establo en la parcela para criar gallinas, ovejas... ¡Ideas no faltan!

---

27. Gesellschaft für Technische Zusammenarbeit.

En un principio mi idea era construir una granja para formar a mis protegidas en tareas agrícolas. Como no encontré ningún terreno en los alrededores de Pitesti, amplié el perímetro de búsqueda y, por el boca a boca, di con una parcela de terreno situada en los Cárpatos, a los pies del pico Moldeovanu,[28] en la ribera de un río que serpentea por en medio de un bosque. ¡Es un sitio realmente magnífico!

Así surgió la idea del hotel: las chicas podrían trabajar como camareras de piso, limpiadoras o recepcionistas —lejos de Bucarest y de las malas compañías—, en vez de ir a recoger fresas a España. Podríamos así comprar también leche, huevos, carne, verduras y miel de los productores locales directamente, ayudándoles así a promocionar los productos y a desarrollar sus granjas: otra manera de detener la migración económica… Me parece una idea estupenda.

En 2006 compré, pues, la parcela de 2.500 metros cuadrados que me tenía enamorada por el módico precio de 32.000 euros. No es barato del todo, pero la ubicación es ideal desde el punto de vista del turismo. De hecho, las inmediaciones están sembradas de atractivos turísticos. En los Cárpatos son legión los monasterios antiguos, por ejemplo, el de Curtea de Arges, es de lejos el más famoso. El edificio construido en piedra blanca alberga un buen número de tumbas reales y fue renovado por completo en 1875, aunque la iglesia episcopal fue edificada en el siglo XIV, cuando la ciudad se convirtió en capital de Valaquia. Según cuenta la leyenda, la mujer del maestro de obras fue emparedada viva entre los muros de la iglesia, respetando así la costumbre que exigía que el tallador de piedra enterrase a un ser querido en el interior del edificio para garantizar el éxito de la obra. Hoy en día Curtea de Arges, situada treinta kilómetros al norte de Pitesti, supone la puerta de acceso a las montañas Fagaras. Es muy fácil llegar hasta allí por autovía desde el aeropuerto de Bucarest. En invierno el asfalto nevado se hace impracticable si se continúa hasta la cima, que culmina

197

---

28. 2.543 metros de altura.

a más de dos mil metros de altura; en verano, en cambio, el trayecto es de una gran belleza y ofrece una vista panorámica incomparable de los Cárpatos. Si se remonta el valle se llega a la ciudadela de Poienari, el «auténtico» castillo de Drácula. El príncipe Vlad Tepes mandó a los turcos que había capturado que construyesen esta fortaleza gótica para así disponer de un emplazamiento estratégico que le permitiese defender el paso entre Transilvania y el valle del Arges. Apenas quedan unas ruinas, pero el repecho de 1.480 escalones que lleva hasta ellas justifica por sí solo el viaje. Es la misma zona a la que he llevado muchas veces de acampada a las chicas en julio. La historia de Drácula las impresionó mucho más en su escenario real que en clase. A un kilómetro al norte, el lago artificial de Vidraru marca el comienzo de la famosa Transfagarasan, un tramo espeluznante de carretera que conduce al puerto más alto de los Cárpatos. Allí, a unas cuantas curvas cerradas del lago, encontré mi terreno.

Pude comprar la parcela y empezar a construir el hotel gracias a la agencia gubernamental GTZ, que me donó un total de casi doce mil euros. Al principio pensé en un establecimiento de un tamaño modesto. Sin embargo, cuando le conté al experto enviado por la GTZ para inspeccionar el lugar que quería una sala de conferencias para acoger seminarios de empresas, me convenció de que apuntase más alto. En consecuencia, al final habrá 23 habitaciones para los turistas y otras seis para el personal, para las chicas del centro de acogida y para mí. Ahora mismo la obra va por la segunda planta y los cimientos de la tercera. Por desgracia el dinero escasea. Y eso que, aparte de la ayuda de la GTZ, conseguí 150.000 euros de Renovabis, una organización caritativa católica alemana que me ha prometido otros 50.000 euros más para amueblar el hotel una vez finalicen las obras. Con todo, queda mucho para terminarlo. Según el maestro de obras haríans falta otros 600.000 euros para acabarlo todo. Me ha propuesto incluso gestionarlo él a cambio de llevarse una parte de los beneficios: un 87 por ciento para él y un 13 por ciento para Reaching Out. Huelga decir que el trato no es muy interesante… Mientras tanto, no sé de dónde voy a sacar ese dinero… También este libro es una forma de llevar a cabo el proyecto.

Por otro lado, no entiendo por qué los planes de mi hotel no interesan a posibles socios. Un poco más abajo, en el mismo valle, Europa financió hace unos años la creación de una especie de casa de reposo de lujo: ¡seguro que los patrocinadores nunca han ido a comprobar qué han hecho con su dinero! El centro semeja una estación de tren erigida en medio de la nada, pegado a una carretera tomada por las carretas donde dudo mucho que nadie vaya a ir a recobrar fuerzas. Mi proyecto está pensado con una lógica de desarrollo sostenible. Quiero, por ejemplo, que el hotel se abastezca exclusivamente de los granjeros de la zona, una práctica que considero coherente con la lucha contra el tráfico sexual. Al fin y al cabo, muchas de las chicas que emigran a Europa lo hacen con la esperanza de encontrar un trabajo mejor remunerado. Los rumanos tenemos que aprender a ser autónomos y a reconstruir nuestra economía.

Hace tres años me impliqué de lleno en el programa agrícola que se puso en marcha en los Cárpatos con las ayudas de la Unión Europea. Acompañada de un experto alemán fui a visitar a los explotadores del valle para convencerles de que formasen una cooperativa y controlasen así la cadena de producción en su totalidad. La mayoría de los granjeros tenían unas cuantas ovejas, cuya leche vendían a los minoristas de la ciudad. Les sugerimos que invirtiesen en la construcción de un matadero colectivo para que pudiesen criar ganado y vender así también la carne. Replicaron que las ovejas rumanas dan mucha leche pero no son lo suficientemente grasas para producir carne en cantidad. Para convencerlos organizamos con el experto alemán la visita a una granja que explotaba una raza de oveja alemana para la leche y otra noruega para la carne. Acostumbrados a pesos plumas de doce kilos como mucho, nuestros ganaderos tuvieron que ver la imponente bestia de cuarenta kilos que le estábamos enseñando (y palparla con sus propias manos para asegurarse de que no era un sueño) para reconocer por fin las ventajas de elegir mejor su ganado…

¡Por no hablar del potencial turístico de los Cárpatos! A lo largo de las múltiples reuniones que he organizado en el valle he ido sugiriendo a sus habitantes que alquilen habitaciones en sus casas, como ya hacen muchos. El turismo rural, el colmo de la autenticidad, está haciendo furor, ¡hay que aprovechar! Siempre me acuerdo de la expresión atónita del experto alemán cuando le conté que aquí no se alquilaban bicicletas. ¿Por qué no alquilar bicicletas para que los turistas puedan atravesar las reservas naturales? ¿Por qué no vender mapas donde aparezcan los numerosos senderos trazados en la montaña, o proponer paseos guiados? ¿Por qué no crear, ya puestos, un festival para festejar la época del esquileo de las ovejas?

Es una lástima, pero las mentalidades evolucionan muy poco a poco. Yo sola difícilmente puedo hacer que las cosas cambien. Una pena…, ¡hay tanto por hacer! Hasta mi hijo está convencido de ello. Tras hacer su selectividad en Rumanía, Stefan se tomó un año sabático antes de regresar hace tres años a Australia para estudiar empresariales. Desde luego podría encontrar un buen trabajo en Perth, donde se crio, y quedarse allí a vivir definitivamente. Sin embargo, es curioso, pero parece que ha heredado mi vena social… Stefan me ha anunciado ya que en cuanto se saque la carrera piensa volver a Rumanía para trabajar aquí y desarrollar proyectos para la reinserción de jóvenes con dificultades. Me cuenta que ha visto a tantos amigos suyos del instituto caer en la bebida, fugarse de casa o abandonar los estudios que quiere hacer algo para ayudar a esos adolescentes sin futuro. Me gusta chincharle pero no desiste:

—Ay, Stef, lo mismo encuentras a una chica en Perth y decides hacer tu vida en Australia…

—¡Ni hablar! La mujer con la que me case tendrá que apoyar mi proyecto al cien por cien. Se vendrá conmigo a Rumanía, no hay más que hablar.

En el fondo su vocación me llena de alegría. A menudo me pregunto qué estoy haciendo aquí, en un país al que durante tanto tiempo renuncié. Tenía una vida tan cómoda en Australia... Pero en cuanto pienso en mi trabajo recobro la motivación; alguien tiene que hacerlo: hay muchas niñas que necesitan ayuda. Si encima mi hijo trabajase a mi lado, ¡sería la mujer más feliz del mundo!

Rutina

*O*tro día de locos...

Una vez más esta mañana iba mal de tiempo, como todas las mañanas desde que crío a Andrea y a Catalina, mis hijas gemelas de tres años. Las adopté nada más nacer. Las adoro, pero no siempre está tan claro que pueda compatibilizar mis responsabilidades de madre con la vida que llevo. Un día que fui a buscarlas al jardín de infancia, me fijé en un hombre dentro de un vehículo que había aparcado en un callejón. Me observó mientras yo me bajaba del coche sin hacer ademán de salir. Reparar en este tipo de detalles se ha convertido en un acto reflejo: soy perfectamente consciente de que mi trabajo con las víctimas del tráfico sexual molesta a más de uno y permanezco alerta las veinticuatro horas del día. A aquel no lo había visto nunca y deduje que no venía a recoger a su hijo como el resto de padres. Curiosamente seguía allí cuando salí de la guardería. Instalé a las niñas en el coche y arranqué con un ojo puesto en el retrovisor, por el que vi que el hombre avanzaba a su vez y seguía la misma dirección que yo. Me siguió durante cuatro o cinco kilómetros. Ya me habían perseguido antes, pero no con mis hijas. En esta ocasión era de noche y me sentía vulnerable. Para no arriesgarme dejé atrás mi casa y continué hasta la gasolinera, donde me paré ante un surtidor. El otro automóvil siguió recto. Como medida de precaución esperé cinco minutos antes de volver. Cuando llegué delante de la verja del jardín, aparqué el coche y apagué las luces, pero dejé el motor encendido. Al cabo de diez minutos, al ver que no había nada sospechoso en la calle, entré en casa. Nunca sabré si aquel hombre me estaba siguiendo, pero una cosa es segura: jamás tomaré una amenaza a la ligera ahora que tengo dos crías a mi cargo…

El caso es que esta mañana, entre Andrea, que estaba revoltosa porque la había castigado, y Catalina, que no quería despegarse del orinal, iba con mucho retraso. No he salido de casa hasta pasadas las nueve. De camino me han llamado de los servicios de protección de menores.

—Iana, malas noticias…

—¡Ay!...

—Ruxandra se ha escapado.

—¡Lo que me faltaba!

Está previsto que Ruxandra llegase al centro de acogida mañana. Una chica bajo mi responsabilidad que se fuga antes incluso de llegar: ¡eso sí que no me ha pasado nunca! Ruxandra tiene 14 años y viene de un albergue estatal. Me pidieron que la acogiese precisamente por eso, porque no deja de largarse a la primera de cambio. Pobre chiquilla: lleva toda la vida dando tumbos de un hogar a otro. Su madre la abandonó cuando tenía tres años. Su padre, viéndose incapaz de criarla, se la confió a su madre. Al año y medio la abuela se dio cuenta de que era demasiado vieja para ocuparse de la niña y dejó a Ruxandra en casa de su otra hija. Esta tía degradó a la sobrina durante años, y nunca desaprovechaba la oportunidad de recordarle que era hija de una mujer de vida alegre. Con 13 años Ruxandra se fugó y fue a refugiarse a casa del novio de una amiga suya. El entrañable muchacho la llamaba «mi princesa» y la cubría de regalos. Un día le explicó a su princesa:

—Vas a tener que trabajar para mí, si no, ¿cómo quieres que siga mimándote?

Con un par de tortas la suerte de Ruxandra estaba echada. Entre tanto, la tía había contactado con protección de menores, pero no para que volviese con ella, no, más bien para deshacerse del pesado lastre.

—Ya no aguanto más. No hay quien pueda con esta niña. Ahora les toca a ustedes…

203

Los servicios sociales consiguieron dar con la pista de Ruxandra y la destinaron a un centro de acogida estatal. A la primera ocasión se escapó y se fue con su Roman, un traficante de poca monta al que seguía obedeciendo a pie juntillas. La policía volvió a encontrarla, Roman fue inculpado y Ruxandra se mudó de albergue. Por supuesto, una vez más puso pies en polvorosa... Por eso los de protección de menores me la enviaron para que la asesorase. Cuando la recibí para explicarle en qué consistía mi programa, Ruxandra, embutida en unos vaqueros de marca y presumiendo de chaqueta negra recién estrenada, se pasó una hora explicándome hasta qué punto adoraba la moda y lo importante que era para ella su aspecto. El hecho de que no le diese una paga a las chicas le suponía un problema. La prohibición de salir tampoco era que le entusiasmase demasiado. Así y todo conseguí hacerle entrar en razón. Al día siguiente le confirmé su llegada al albergue, tal y como acordé con protección de menores, encantada de quitarse el muerto de encima tan fácilmente. Ruxandra se echó a llorar.

—¿Por qué lloras?

—No quiero ir...

—¿Por qué?

—Está muy lejos del colegio.

—No te preocupes, te cambiarás de colegio.

—¡Pues por eso! ¿Cómo voy a ver a mi novio? ¿Podré ir a verle al centro?

—Me temo que no.

—¡Entonces no quiero ir!

—Ruxandra, no quieres ir a casa de tu abuela, rechazas todos los albergues que te proponen y tampoco quieres venir aquí. No estás bien en ninguna parte, ¿qué quieres que hagamos?

—...

—¿Quieres quedarte en el otro centro?

—No.

—Bueno, pues entonces no hay más que hablar.

Ayer me pasé una hora y media en el juzgado para obtener del juez la orden de traslado. Oficialmente Ruxandra está bajo mi tutela, aunque todavía no haya llegado. Tengo que avisar a Mariana, que está hoy de guardia.

—Andrea, Catalina, mamá tiene que llamar otra vez. ¿Os vais a portar bien?

—…

Tengo suerte, mis niñas son un cielo. Están acostumbradas a verme con el móvil pegado a la oreja…

—¿Mariana? Soy yo. Ruxandra se ha fugado. ¿Puedes informarte por tu cuenta para saber qué hay que hacer en estos casos? Creo que hay que avisar al juez.

—Vale. ¿Cuándo llegas?

—Dejo a las niñas en la guardería y voy para allá.

Cuando me reúno con Mariana son ya las diez. En el salón hace un frío que pela.

—¡No me digas que todavía no tenemos gas!

—Pues no…

—¡Es increíble! Me prometieron que arreglarían la avería en veinticuatro horas.

Es ya la tercera vez que pasa este año: el domingo la GDF[29] cortó el gas sin previo aviso. Nos dijeron por teléfono que no habíamos pagado la factura del mes anterior. Ayer por la mañana a primera hora mandé a Marina a presentar el recibo de la factura a la compañía del gas. ¡Y pensar que había sospechado que ella se había olvidado de pagarla! En realidad no sé qué haría sin ella. Más que en mi mano derecha se ha convertido en mi amiga. Viene muy a menudo a cuidar de Andrea y Catalina cuando tengo que ir al extranjero para una conferencia o para acompañar a alguna chica al juzgado. A veces hasta va a buscar a las gemelas a la guardería: es la única educadora que tiene carné de conducir… En la GDF el empleado reconoció que debía de haber habido una avería y prometió que el gas volvería por la tarde. Ayer por la noche todavía estábamos esperando… Los llamé para poner el grito en el cielo:

29. La empresa francesa Gaz de France tiene el monopolio de la distribución del gas en Rumanía.

—Pero ¿qué es lo que pasa? Esta mañana les enseñamos el comprobante del pago. ¡Prometieron devolver el gas!

—Lo siento, señora, pero no nos consta en el ordenador.

—Me importa poco el ordenador. ¡Es la tercera vez que nos lo cortan! ¡Yo pago mis facturas, ustedes son los que no hacen su trabajo! ¡Estamos en invierno, estamos a dos grados en el exterior y se atreven a cortarnos el gas en un albergue donde hay adolescentes!

—Lo siento... Vamos a solucionarlo.

—¿Y eso cuándo va a ser?

—Antes de la noche.

—Eso espero.

Evidentemente se han vuelto a reír de mí. Ayer por la noche las chicas, con el abrigo puesto, tuvieron que comer frío. Deberé hacerlo yo misma. ¡Como si perder tiempo en ese tipo de tonterías! Por desgracia he tenido que ir al notario, con el que tenía cita a las once para resolver el problema de mi finca en los Cárpatos: al parecer al propietario que me vendió el terreno se le olvidó delimitarlo bien. Resultado: el constructor ha edificado la mitad de los cimientos del hotel en otra parcela. Para rectificar el error he tenido que comprar la parcela de al lado: la gracia me ha costado la friolera de 19.000 euros... Creí que me llevaría media hora. ¡No contaba con la lectura en voz alta de todas las páginas del contrato! Cuando salgo de la notaría es ya la una. No me da tiempo a pasarme por la compañía del gas. Por contra, me acerco al banco: el viernes la representante del *Reader's Digest* de Rumanía me llamó para confirmarme que me habían ingresado los 5.000 euros de mi «premio»; pero el banco me aseguró ayer que el ingreso no constaba en mi cuenta. Tengo que quedarme tranquila. Ya le pedí a Marina que me dejase dinero para pagar el gas, había que hacer algo con urgencia. En el banco la administradora de mi cuenta me hace firmar una pila de formularios. Al final ha encontrado el rastro de la transferencia de fondos, efectuado por un error garrafal en otra cuenta... Todo ha vuelto a la normalidad, pero he perdido otra hora.

Con el estómago vacío me voy corriendo al supermercado a

comprar provisiones: en el albergue no queda nada que comer. Huelga decir que hacer la compra para ocho chicas no es moco de pavo. Diez litros de aceite, doce paquetes de pasta, nueve de arroz, ocho de azúcar, cuatro de cacao en polvo, otros tantos de harina, siete pastillas de mantequilla, siete tarros de mermelada, tres kilos de salchichas… En una hora relleno el primer carro. La segunda parte de la misión es aún más delicada: consiste en empujar un carrito de mil kilos hasta arriba de cosas mientras tiro de otro por detrás que acabará igual de lleno y de pesado que el primero. Estoy con las manos en la nevera de las alitas de pollo congeladas cuando me suena el teléfono. Otra vez Mariana:

—Ioana ha vuelto llorando del colegio. Al parecer ha tenido un problema con el profesor de física y química.

—¿Otra vez? ¿Se han reído de ella los compañeros de clase?

—No, qué va. Esta mañana no ha venido el profesor de francés y lo ha sustituido por una hora el de física, que ha enganchado con las dos horas de clase suyas. Total, que los chicos han tenido tres horas seguidas de química. Ioana se ha quejado en voz alta y ha dicho que era demasiado y que por qué no dedicaban la última hora a física. El profe se ha encarado con ella: «Ah, pues si sabes tanto de química, ¿por qué no respondes a la pregunta?». Ioana le ha respondido que esa no era la cuestión. Me ha contado que los demás la han animado a defender su posición pero luego no se han atrevido a apoyarla en voz alta. El profesor la ha tomado con Ioana, que ha amenazado con contárselo todo al director del colegio.

—¿Y lo ha hecho?

—No, por eso. El profesor le ha contestado: «Venga, ve. ¡De todas formas nadie te va a creer! Y que sepas que ninguno de esta clase testificará a tu favor. ¿Y sabes por qué? Porque si no me lo cargaría en el examen final. En cuanto a ti, ya te aviso de que no sacarás nota para aprobar».

—¿Estás de broma?

—No, para nada, le ha dicho claramente que va a tener que repetir cuarto.

—Mierda…

Pobre Ioana… No tiene suerte en el colegio. Es una pena, porque no se le da mal. Voy a tener que pedir cita con el director para buscar una solución…

Después de pasar dos horas recorriendo a trancas y barrancas los estantes por fin consigo transportar mi cargamento hasta las cajas, antes de alcanzar mi coche, con los brazos agarrotados y la espalda hecha polvo. En el camino de vuelta, varada en medio de un atasco, tuerzo el gesto al pensar en la reacción de Ioana, que cuenta con que le lleve un vaquero nuevo. Hace una semana que le prometí que me encargaría del asunto y todavía no he tenido tiempo de pasar por la tienda del centro. Qué se le va a hacer, otra vez será… A medio camino la melodía de mi móvil me taladra las orejas por enésima vez.

Es Mariana de nuevo:

—Miruna está a punto de sufrir otra crisis porque quiere ver a su niña. Quiere saber cuándo se la van a devolver.

—Pues que espere, esta noche no tengo tiempo de hablar con ella, ya voy tarde a recoger a Andrea y Catalina. Dile a las chicas que llego dentro de media hora, que estén preparadas para vaciar el maletero.

—Vale.

Miruna exagera. Protección de menores nos ayudó a encontrar una alternativa a la familia de acogida para su pequeña Crina: al final ambas serán trasladadas a un albergue para jóvenes madres. Allí podrá cuidar de su bebé bajo la estrecha vigilancia de un equipo de profesionales. Por supuesto, todavía hay que firmar todos los papeles… Comprendo su impaciencia pero tiene que considerarse afortunada por haberse librado de la separación. Ni siquiera sé si se ha dado cuenta de la gravedad de sus actos.

En el centro de acogida espero sin soltar el volante a que las chicas descarguen el maletero. No puedo quedarme, no tengo tiempo. Miruna, aún con los brazos cargados, viene a llorarme a la ventanilla del coche. ¡Qué pesada se pone cuando quiere algo! Cuando regreso ya es de noche. Catalina y Andrea son las últimas niñas de la guardería. Las puericultoras están acostumbradas a mis retrasos y no me guardan rencor por ello.

Cuando llamo para avisar de que llegaré un poco tarde la directora me chincha, pero con simpatía:

—No hay problema. ¡Dejaremos a las niñas en la puerta de la calle, no te preocupes!

—¡Gracias, muy amable!

—No hay de qué… Ah, Iana, ¡y ve despacito por la carretera! ¡No es cuestión de que tengas un accidente por ganar cinco minutos!

Son las 19.30. Ya está, vuelvo a casa. En el asiento trasero las gemelas duermen. En cuanto oyen el ronroneo del motor empiezan a cabecear… Me pregunto si no es mejor que se salten la cena. Por otra parte, tengo un hambre canina y ya va siendo hora de que me tome una buena sopa antes de meterme en la cama. Y encima, entre tanta cosa, no he podido llegarme a ver a mi madre al asilo. Hace cuatro días que no me paso, debe de estar muerta de hambre. Allí cada uno va a lo suyo: las enfermeras les dejan las bandejas de la comida al lado de la cama a las 11.30 y pasan a recogerlas una hora después. Las que están demasiado débiles para sentarse o son incapaces de comer solas se quedan a dos velas: si la bandeja está intacta las enfermeras deducen que no tienen hambre. Pobrecilla mi madre… Me parte el corazón verla tan enclenque. Cada vez que voy a visitarla devora los bollitos que le llevo. Cuando le pregunto por qué no ha comido me contesta que estaba todo muy duro. ¡Y con razón! Hace varias semanas descubrí que su dentadura había desaparecido. Según las enfermeras la habrá «perdido». Un auténtico misterio… Es cierto que mi madre presenta todos los síntomas de la enfermedad de Alzheimer; por esa razón la metí en el asilo hace un año. Yo nunca estaba en casa y ya no la podía dejar sola, ni siquiera con la ayuda de una enfermera. Pero, aun así, perder la dentadura… En el asilo guardo todas las cosas de mi madre en un armario que cierro con llave… ¡que guardo yo! Antes de eso le desaparecía todo, y a veces lo encontraba en manos de alguna de sus compañeras de habitación. También tengo que vigilar para que le den su ducha semanal. La última vez tenía la cabeza cubierta de una espesa capa de caspa que demostraba que llevaban sin la-

varle el pelo ¡por lo menos dos semanas! Además, sospecho
que las enfermeras le cortaron el pelo muy corto el mes pasado por pura comodidad. Cuando les pregunté se limitaron a
encogerse de hombros y decir:

—No, nosotras no tenemos nada que ver. Se lo ha hecho su
madre solita.

—¿Con qué tijeras?

—A saber…

En aquel lugar sórdido nadie está al tanto de nada, nadie
sabe nunca nada. Cuando pienso en las condiciones de vida de
esas personas mayores… El olor, la pestilencia…, se me enco-
ge el corazón cuando franqueo la puerta del edificio destartala-
do. Lo primero que hago al entrar al cuarto de mi madre, que
comparte con otras cuatro personas más o menos seniles, es
pulverizar con ambientador hasta el último rincón de la habitación. Es una vergüenza que les obliguen a vivir en esas condiciones. ¿Cómo podemos tratar así a nuestros mayores en
nuestras sociedades modernas? Cuando termine mi trabajo
con las víctimas del tráfico sexual me pondré con el problema
de los ancianos en Rumanía…

Perdida en mis reflexiones llego por fin a casa. Mientras
aparco delante de la verja de repente se dibuja una cara a la luz
de los faros. Es Doina, una de las chicas del albergue. ¡Anda!
¡Se me ha olvidado por completo! Y eso que me avisó de que
se pasaría por casa. Esta noche espera una llamada de Inglaterra, donde tiene que ir a testificar dentro de un mes contra un
traficante. Como Doina no es la única testigo del juicio, le han
pedido que vuelva a declarar para que corrobore que se trata
del mismo acusado: tendrá que repetir ante el juez lo que dijo
hace dos años, cuando testificó por primera vez. Por supuesto
la acompañaré. La policía londinense tiene que contactar con
ella a las nueve de la noche para concretar los últimos detalles.
Doina es muy reservada y no quiere hablar de nada de eso en
el centro de acogida. En mi casa se sentirá más tranquila…

No es la mejor noche pero su angustia es tan palpable que
se me olvidan mis pequeñas preocupaciones. Ya en el salón
Doina me ayuda a darle de comer a las niñas, que contra todo

pronóstico parecen tener bastante hambre. Doina tiene cara de pocos amigos y come en silencio. Acabo de acostar a las niñas cuando suena el teléfono. Es el policía, que llama a la hora prevista. A su lado un intérprete le ayudará a traducir lo que vaya diciendo. Dejo a Doina sola en el despacho de la primera planta. Veinte minutos después baja al salón, mucho más relajada que a su llegada. Con una sonrisa se sienta en el sofá y se enciende un cigarro. Estoy agotada pero noto que tiene ganas de hablar.

—Estoy deseando ir.

—Ya lo sé… ¡Solo queda un mes! Y luego se acabó. ¿Estás contenta?

—Sí…

—¿Tienes miedo?

—Un poco.

—No te preocupes, yo voy a estar allí contigo. El abogado te va a preparar y todo va a salir bien.

Siempre recurro a mi propio abogado para aconsejar a las chicas que tienen que testificar. Es caro pero no tengo ninguna confianza en los abogados de oficio. La buena noticia es que *Reader's Digest* ha decidido asumir a partir de ahora todos los gastos legales de los juicios venideros. Lo único que lamento es que con las herramientas tecnológicas que tenemos hoy en día todavía no hayan encontrado una forma de que las víctimas presten testimonio a distancia, a través de una cámara web, por ejemplo. Recorrer dos mil kilómetros para encontrarte cara a cara con tus antiguos verdugos no es muy lógico. Los procesos son tan duros y las víctimas tan frágiles… Aquí, en un ambiente seguro, sería mucho menos traumático. Pero bueno, tampoco vamos a tirar piedras contra nuestro propio tejado. Lo importante es que se celebre el juicio y que metan a un traficante más entre rejas.

Se hace tarde y se me cierran los ojos. Amablemente pero con rotundidad le digo a Doina que se dé prisa para no perder el autobús. Mañana tengo que ir a comprar ropa para Ioana y Camelia, pasarme por la compañía del gas, redactar el informe de la fuga de Ruxandra, rellenar la enésima solicitud de acreditación para el Ministerio de Trabajo, que me lo ha pedido el juez por no sé qué razón, y hablar con Miruna sobre su próximo traslado. ¡Que llegue ya el fin de semana! Con la cabeza en la almohada me prometo, como todas las noches, que me tomaré unas vacaciones. Las últimas fueron en 2003, cuando estuve en casa de mi amiga Caroline en San Diego. Desde entonces no me he cogido más que unos cuantos días de permiso, pero solo para descansar, para no hacer nada en la tumbona de mi jardín… En mi fuero interno, sin embargo, sé que este tampoco es el año en que me cogeré vacaciones. Con todo el trabajo que tengo en el albergue no se me ocurriría ni por nada del mundo dejarlo todo plantado. La esclavitud sexual es un combate de cada segundo y en Rumanía somos muy pocos los que atajamos el problema de raíz. Quién sabe, lo mismo un día encuentro a alguien que me secunde…

Posfacio

El rey león que tenía una cola muy chica

¡ *P*or fin han atrapado al rey de los Balcanes! Es la mejor noticia del día. Llevaba años esperando este momento. Desgraciados de su calaña no se los encuentra uno todos los días a la vuelta de la esquina. Pero no porque no haya, sino porque suelen dar esquinazo: este llevaba ya cinco años fugado. Su verdadero nombre es Millivoje Zarubica, aunque todos le llaman Puja. Este serbio echó a rodar su negocio en la década de 1990. Ya por aquella época el rey de la trata de personas de los Balcanes, como le apodó la prensa, mandaba mujeres a Italia en balsas neumáticas. En cuestión de diez años se convirtió en el eje motor de todas las redes de prostitución que surgían como setas por la región. Ya he perdido la cuenta de las chicas del albergue que han pasado por sus manos. Una de ellas, Marynela, una joven de 21 años si no recuerdo mal, testificó en uno de los juicios que se entablaron contra él. Se celebró en Belgrado, en Serbia; el tribunal estaba a reventar, montones de periodistas extranjeros se habían desplazado para cubrir el juicio. Siempre con su aire burlón, Puja tenía al menos tres o cuatro abogados a su servicio. Marynela, temblorosa pero convencida, contó en el banquillo de los testigos cómo la había violado Puja. Cuando la jueza le dio la palabra a la defensa, el abogado quiso tenderle una trampa a la testigo:

—La víctima afirma que mi cliente abusó de ella. Entonces, señorita, supongo que podrá usted decirnos si el cuerpo de mi cliente presenta algún rasgo distintivo.

La jueza intervino al punto:

—Pero ¿eso qué importa? Señorita, no tiene usted por qué responder a la pregunta.

—Es que me gustaría responder, Su Señoría.

—Muy bien, le escuchamos.

—Pues sí, Puja tiene rasgos distintivos: tiene cinco… No, lo más característico es que tiene la cola muy chica. Aparte, tiene cinco cicatrices de cinco balas en el pecho.

Toda la sala rompió a reír. Imperturbable, la jueza se dirigió al escribano repitiendo las palabras de Marynela muy lentamente, para que todo el mundo pudiera oírlas una vez más.

—Que conste que la testigo ha respondido que el acusado tenía la cola muy chica y cinco impactos de bala en el pecho.

Yo me regodeaba por dentro y estoy segura de que la jueza también lo hacía pese a su rostro impasible. ¡Que una chiquilla humille al rey de los Balcanes en público tiene su gracia, la verdad!

Ya no recuerdo qué pena le fue imputada a Puja en aquella ocasión. Solo sé que se escapó antes de cumplirla. Desde entonces ha tenido otro juicio. En concreto, en 2005 la corte de justicia de Belgrado, que le juzgaba junto a otros once compinches —la famosa banda de Pancevo—, le condenó a cuatro años de prisión por traficar con once moldavas. Una vez más Puja logró huir. Por fin el 12 de marzo de 2010 los policías consiguieron dar con él en su escondrijo de Belgrado y lo metieron en chirona. Tendrá que cumplir su condena de cuatro años de cárcel, una nimiedad teniendo en cuenta los centenares de chicas que ha destruido en los últimos diez años. Lo bueno es que cuando la termine le podría caer otra buena: en 2008 el tribunal de Bolonia le condenó en rebeldía a 17 años de prisión y a una sanción de 150.000 euros por trata de seres humanos y asociación mafiosa. ¡Nunca en la vida un traficante había recibido una pena parecida! Por eso Italia deberá exigir la extradición de Puja dentro de cuatro años. Hasta que no lo vea no me lo creeré. Así y todo, es un síntoma de que cuando uno lo desea con todas sus fuerzas, las cosas pueden cambiarse.

Este libro utiliza el tipo Aldus, que toma su nombre
del vanguardista impresor del Renacimiento
italiano Aldus Manutius. Hermann Zapf
diseñó el tipo Aldus para la imprenta
Stempel en 1954, como una réplica
más ligera y elegante del
popular tipo
Palatino

***
**
*

En venta: Mariana, 15 años
se acabó de imprimir
en un día de primavera de 2011,
en los talleres de Egedsa,
calle Roís de Corella, 12-16
Sabadell (Barcelona)

***
**
*